Evaluation report on the economic and social sustainable development of China
——Based on "Two Mountains Theory" (2019-2020)

基于"两山论"的中国经济社会可持续发展评价 2019-2020

王诺　宋涛　臧春鑫　著

经济日报出版社

图书在版编目（CIP）数据

基于“两山论”的中国经济社会可持续发展评价．2019－2020／王诺，宋涛，臧春鑫著．—北京：经济日报出版社，2020. 12

ISBN 978－7－5196－0751－7

Ⅰ．①基…　Ⅱ．①王…　②宋…　③臧…　Ⅲ．①中国经济－经济可持续发展－研究　Ⅳ．①F124

中国版本图书馆 CIP 数据核字（2020）第 258509 号

基于“两山论”的中国经济社会可持续发展评价 2019—2020

作　者	王　诺　宋　涛　臧春鑫
责任编辑	黄芳芳
助理编辑	张　琦
责任校对	梁沂滨
出版发行	经济日报出版社
地　址	北京市西城区白纸坊东街 2 号 A 座综合楼 710（邮政编码：100054）
电　话	010－63567684（总编室）
	010－63584556（财经编辑部）
	010－63567687（企业与企业家史编辑部）
	010－63567683（经济与管理学术编辑部）
	010－63538621　63567692（发行部）
网　址	www. edpbook. com. cn
E－mail	edpbook@126. com
经　销	全国新华书店
印　刷	北京九州迅驰传媒文化有限公司
开　本	710×1000 mm　1/16
印　张	13. 25
字　数	213 千字
版　次	2021 年 2 月第 1 版
印　次	2021 年 2 月第 1 次印刷
书　号	ISBN 978－7－5196－0751－7
定　价	48. 00 元

课题组负责人

王　诺，宋　涛，臧春鑫

课题组及编写组成员

杨　光，张婷玉，李斐琳，王二丹，陈美佳，金安琪
苏金平，卢　旭，赵钰祥，邹鑫玲，钱艳妮，蔡　蕾
朱文娟，关　潇，李佳星，宗文莫

各章主要执笔人

章节	撰稿人
总论	王诺、宋涛、臧春鑫
第二章	张婷玉、蔡蕾、赵钰祥
第三章	宋涛、王二丹、朱文娟、邹鑫玲
第四章	宋涛、陈美佳、卢旭
第五章	苏金平、李斐琳、宗文莫
第六章	杨光、金安琪
第七章	钱艳妮、关潇、李佳星

前　言

2019年，在中国环境科学研究院“生态文明建设与可持续发展相关研究”课题的支持下，课题组完成了中国生态文明建设相关数据的搜集、整理，获取大量有意义的数据，并初步建立了生态文明建设数据库，具有数据挖掘价值；深挖“绿水青山就是金山银山”，构建出了基于“绿水青山就是金山银山”的中国生态经济建设评价指标体系，为国家评估各地方生态文明的建设情况提供依据；评价了中国生态文明与产业转型和城市发展之间的耦合联动关系，为中国产业和城市的绿色化发展提供了可行的分析视角；分类归纳和综述国内外在生态文明建设领域的典型案例及典型经验，并概括其中具有普适性的有益探索和创新。

具体而言，本课题研究目前主要完成了以下六方面的内容：

（一）基于“绿水青山就是金山银山”的中国生态文明践行效果评价

课题组基于中央文件和习近平总书记的讲话，参考大量的文献，探索性地构建基于“绿水青山就是金山银山”的“中国生态经济建设评价指标体系”。对中国各省（市、自治区）的生态经济建设情况进行评价和分析，总结其规律和问题。本研究深入挖掘“绿水青山就是金山银山”的基本内涵，从绿色发展协调性、资源环境承载力和产业发展新动能三个角度切入，构建了评价“绿水青山就是金山银山”践行效果的三级指标体系，并计算出中国各地区2011~2017年“绿水青山就是金山银山”践行效果综合指数；实证分析了不同类型的公众参与方式对“绿水青山就是金山银山”践行效果的影响和区域差异性；在此基础上，进一步分析了移动互联网的普及对“绿水青山就是金山银山”践行效果的影响；并从政府、企业、公众和媒体的角度，探究多元主体参与对我国生态文明建设的影响，希望厘清各参与者的职能边界，以求更好的发挥各主体参与生态文明建设的作用。

（二）基于“生态足迹”模型的中国地区间生态情况评价

在分析中国生态文明发展问题时，首先要摸清当前中国生态现状。因此，中国地区间生态情况评价就成为了一个重要的研究内容。本课题采用生态足迹测算方法衡量了我国 2000~2017 年的生态环境占用水平。此外，还测算了 2005~2018 年 30 个省（市、自治区）生态足迹的数据，运用面板数据回归分析，结果表明我国生态环境占用水平的区位差异较大，受各省市之间的不同的经济发展水平、第一、二、三产业占比、环境治理及政策导向等影响较大。

（三）可持续发展的产业维度分析：产业绿色化与资源可持续的联动关系

城市是人们生产生活的主要载体，产业是城市发展的不竭动力。在这即将实现的第一个一百年里，我国经历了世界历史上规模最大、速度最快的城镇化进程，城市发展成就举世瞩目，我国三次产业发展日趋优化，2019 年，我国国内生产总值接近 100 万亿元人民币，稳居世界第二。但是，在“城市”和“产业”快速发展的同时，两者发展并未完全匹配，城市化发展还存在着产业空心化等不可持续的模式，产业发展过程中也出现了一些小城市由于缺乏产业支撑而日益“衰退”的情况，以及大城市由于产业分工不合理而发展产生“大城市病”问题。分析生态文明的时候，不能脱开发展问题而单纯的分析生态文明，必须要在现有的产业和城市发展水平下分析生态文明的发展状况。因此，本课题进一步从产业和城镇化两个视角来分析产业发展与生态文明的协调性问题以及城镇化发展与生态文明的有机结合问题。

在产业维度上，本课题从投入角度出发，将产业绿色化发展的效果以货币来衡量，通过定量化测度产业增加值中绿色化部分的比例，来衡量我国 2000~2017 年产业的绿色化发展效果与水平，得出我国产业绿色化发展效果不断变好的结论。同时测算了 2004 年 ~2017 年 30 个省（市、自治区）产业绿色化发展的数据，结果表明我国各省（市、自治区）产业绿色化发展水平存在一定差异。并通过面板数据回归进行影响因素分析得到，经济发展水平、第三产业占比、高新技术水平和环境污染治理投资总额占比对产业绿色化发展具有明显的促进作用。

（四）可持续发展的城镇化维度分析：基于夜间灯光数据的城市衰退模型

经济学有一个重要的理论叫“资源诅咒”理论，是指对一个地区的发展而言，丰富的矿产资源并不一定是件好事，反而往往成为制约其经济发展的诅咒。目前，中国很多资源型城市悄然面临影响其生死存亡的“城市衰退”问题（即小城市病问题）。以中国东北地区为例，几乎所有的城市都或多或少面临着人口外流、产业萎缩和城市衰退问题，如曾经一度辉煌的石油城大庆、煤炭城阜新等，现在已经矿竭城衰，城市发展无以为继；在西北地区的内蒙古、山西、宁夏、甘肃等省份（自治区）的城市中，人口大规模流失与城市活力严重不足也早不是个例。在建设生态文明的过程中，必须要高度重视城市的可持续发展。

课题组通过对中国近 2000 个县从 1998 年到 2018 年的夜间灯光数据进行分析，发现近 20 年来，中国有将近 15% 的县存在着一定程度的衰退现象，且近年来衰退城市在数量和占比上有扩大化趋势。中国东部地区平均衰退率为 10.65%，中部地区平均衰退率为 17.45%，西部地区平均衰退率为 16.90%，而东北地区平均衰退率高达为 28.15%。这是很值得关注和思考的现象。究其原因，这些城市都有一个共同的现象，就是产业结构过于单一，严重依靠当地的矿产资源。产业过于单一，是一种高度不稳定的状态，很容易出现严重的危机。在国家供给侧改革的大背景下，怎样用好国家的政策，狠抓教育抑制人才流失，培育“一主多强”的产业模式，打造完善的全产业链，实现产业转型发展迫在眉睫。

（五）生态文明建设与科技创新发展

科技创新是现代化发展的必然趋势，也是生态文明建设的基本要求。如何协调好二者之间的关系，提高科技创新活动在生态文明建设过程中的效率需要高度重视。

研究基于 DEA 方法，首先评价了全国的科技创新对绿色发展的效率，分析了科技创新的综合效率、纯技术效率和规模效率。从 2011~2017 年的规模效率结果的平均值来看，效率值排名前三的区域分别是西南地区、华中地区和东北地区，华东地区的规模效率平均值最低。具体分析，全国各地区的规模效率虽在观测期内整体均呈下降趋势，但效率值普遍高于综合效率和纯技术效率。其中除华北和华中两个地区外，其他地区均在 2012 年出现峰值。华中地区在 2015 年 –2016 年间的降幅达 35.9%，华南地区在 2014 年 –2015 年间的降幅达 37.6%。从规模报酬的变化情况来看，大部分省份在观测期内的规模报酬呈递减状态，说明科技规模增加 k 倍的投入只能给生态环境的成果产出带来＜ k 倍的产出结果。

进而，分省从静态和动态两个方面评价了科技创新的效率。

研究将 31 个省（市、自治区）的三类静态效率进行分类排名，并将排名结果的 1–10、11–20、21–31 依次对应至高、中、低三个组别。从综合效率来看，七年间各省（市、自治区）的效率值的分布变化情况不太明显，总体仍表现出北方地区的效率值普遍高于南方地区，2017 年中部偏东南地区的综合效率值为低的组别新增了安徽省和湖南省，但广西壮族自治区在 2017 年上升为高别组。总结来看，综合效率在 2011 年和 2017 年间的效率变化主要表现在高效率组的省份数增多，中部偏东南地区整体效率值下降。从纯技术效率来看，七年间各省（市、自治区）的效率分布总体呈现由分散分布向集中分布发生转变，如高效率省份的分布由 2011 年的东西分散分布格局向 2017 年的东部沿海省份集中分布格局转变；一般效率省份由东西隔离分布向西部地区和中部地区集中分布发生转变。表明纯技术效率值具有较强的地域特征，容易受到地理分布格局带来的影响。从规模效率来看，七年间各省（市、自治区）的效率分布格局变化明显，高效率组的分布从北部、中西部和东南沿海省份转变为集中在北部和西南部省份。一般效率级别组的省份更加集中分布在中部地区（除湖南省外）。

从时间的动态变化情况来看，我国 31 个省份（市、自治区）在 2011–2016 年的观测期内的全要素生产率（M 指数）均小于 1，代表在这期间生产率处于下降趋势，而导致下降的主要原因在于技术变化水平和纯技术效率变化的下降。而在 2016 年 –2017 年间，全要素生产率开始上升（1.004），主要贡献因素在于技术变化水平显著提升（3.409），但技术效率变化（0.295）和规模效率变化（0.292）水平却出现下降。

从上述的结果可以分析，科技创新对生态环境影响的效率结果在效率类型和各地区间存在较大的差异。从效率类型来看，规模效率值无论在静态分析还是动态分析中均高于综合效率值和纯技术效率值，但规模报酬大多呈递减状态，说明规模的扩张已接近饱和期，各省应在技术水平的提升和技术效率的提高上作出改进。从各地区结果来看，华北地区、西北地区和西南地区的静态综合效率和纯技术效率在观测期内整体排名前三，其中华北地区的综合效率逐年下降但纯技术效率呈上升态势；西北地区的综合效率和纯技术效率值近年来均呈下降态势，说明这一地区在科技进步和科技效率上后劲不足。

（六）中外生态文明建设案例集及分析

课题组撰写《中国生态文明建设案例集》，完成国内外在生态文明建设领域的典型案例及典型经验，概括分析了其中具有代表性的有益探索。

生态文明建设与人类命运息息相关，但生态文明所包涵的领域众多，影响因素繁多，而且我国由于先天地理环境复杂，加之后天在发展中又有部分环境破坏的问题。如何把绿水青山可持续地转化为金山银山，成为我国的生态文明建设的重大命题。

1. 国内层面

2017 年 9 月 21 日，在全国生态文明建设现场推进会上，环境保护部命名浙江省安吉县等13个地区为第一批“绿水青山就是金山银山”实践创新基地，并在这些地区深入探索可复制可推广的生态文明建设模式。这些实践基地在依托生态资源发展生态经济、推动绿色发展方面有良好基础，“绿水青山”与“金山银山”互促共进成效明显。

通过研究发现，这些基地可大致分为四类：第一类，积极发展资源节约、环境友好的新产业、新业态、新模式，探索生态经济化、经济绿色化的有效路径，打造生态和经济良性互动的绿色发展方式。代表有浙江省安吉县、江苏省泗洪县、江西省靖安县、陕西省留坝县。第二类，针对主要生态环境问题不断推进自然生态修复工程，改善生态环境质量、营造绿水青山，为社会经济发展和生态文明建设打下基础，以绿水青山保障金山银山。代表有河北赛罕坝机械林场、山西省右玉县。第三类，围绕生态资产保值增值，使群众共享绿水青山保护成果，增强群众实践“绿水青山就是金山银山”的获得感。典例有浙江省衢州市、广东省东源县、四川省九寨沟县。第四类，以制度创新引领生态文明建设，建立体制机制保障，培育拓展依托绿水青山实现生态价值的路径机制。代表有浙江省湖州市、安徽省旌德县、贵州省贵阳市乌当区。

基于此，课题组在国家生态文明示范县中选取了10个典型的案例进行分析研究，具体是：浙江省安吉县——水生态文明建设示范；山西省右玉县——生态脆弱地区生态文明建设；广东省东源县——生态文明建设带动脱贫；安徽省旌德县——森林生态文明建设；北京市延庆区——森林城市生态文明建设；辽宁省盘锦市——生态文明建设促进经济转型；福建省长汀县——水土流失的生态复建；浙江省开化县——国家公园的生态文明建设；浙江省松阳县——财政支持生态文明建设；浙江省丽水市——生态文明建设样本。

2. 国际层面

1971年联合国教科文组织在“人与生物圈”计划中首次提出，强调以生态学的方法来规划和建设城市，以此打造城市环境，达到人与人、人与环境之间的生态和谐。1984年，苏联生态学家亚尼科斯基首次正式提出生态城市概念，认为生态城市是一种理想城模式，其中技术和自然充分融合，人的创造力和生产力得到最大限度的发挥，而居民的身心健康和环境质量得到最大限度的保护，物质、能量、信息高效利用，生态良性循环。1987年世界环境与发展委员会在《我们共同的未来》报告中第一次阐述了可持续发展的概念，成为国际社会的广泛共识。时至今日，许多城市都在可持续发展的理论指导下进行了生态城市建设并有所收益。比如北欧哥本哈根、瑞典马尔默、德国弗莱堡、英国贝丁顿、美国伯克利、日本东京、韩国松岛新城、新加坡、加拿大温哥华、芬兰维基新区等。围绕生态城市建设，许多国家或地区的城市依据自身实际探索出不同的建设模式和发展经验，通过比较分析发现，在这些生态城市的建设中，根据其在不同层面的侧重点，从土地规划、交通运输、城市立法、社区管理、生态科技这五个关键要素在不同生态城市建设中的比例，可将生态城市的发展模式分为五种。主要可以归纳为政府导向型、公交引导型、社区驱动型、城乡统筹型、生态科技型的开发模式。这些生态城市开发模式都是在一些国家或地区的城市有较长时间的探索经历或已获得明显成效，各具特色，模式多元，可操作性强，成效明显，可以为中国的生态城市建设提供一定参考。

目　录

CONTENTS

第一章　总论

第一节　中国生态文明建设进程

生态环境保护治理是国家治理体系的重要组成部分，与改革开放 40 年进程和经济增长密切相关。生态文明是实现人与自然和谐发展的必然要求，生态文明建设则是关系中华民族永续发展的根本大计。要实现中华民族伟大复兴的中国梦，就必须建设生态文明、建设美丽中国。

2007 年，党的十七大报告①中首次提出了生态文明的概念和“建设生态文明”“梳理生态文明观念”的概念和要求；坚持生产发展、生活富裕、生态良好的文明发展道路，建设资源节约型、环境友好型社会，实现速度和结构质量效益相统一、经济发展与人口资源环境相协调，使人民在良好生态环境中生产生活，实现经济社会永续发展。建设生态文明，要基本形成节约能源资源和保护生态环境的产业结构、增长方式、消费模式；循环经济形成较大规模，可再生能源比重显著上升；主要污染物排放得到有效控制，生态环境质量明显改善；生态文明观念在全社会牢固树立。

2012 年，党的十八大报告②中对生态文明建设首次做出了全面部署，提出了全面落实经济建设、政治建设、文化建设、社会建设、生态文明建设五位一体总体布局，并对生态文明理念做出了科学概括，报告中指出，建设生态文明，是关系人民福祉、关乎民族未来的长远大计。面对资源约束趋紧、环境污染严重、生态系统退化的严峻形势，必须树立尊重自然、顺应自然、保护自然的生态文明理念，把生态文明建设放在突出地位，融入经济建设、政治建设、文化建设、社会建设各方面和全过程，努力建设美丽中国，实现中华民族永续发展。

2017 年，党的十九大报告③中将建设生态文明提升为中华民族永续发展的千年大计，习近平总书记提出，要加快生态文明体制改革，建设美丽中国。

---

① 中国人大网 .《胡锦涛在党的十七大上的报告》http：//www.npc.gov.cn［EB/OL］［2007-10-24］

② 新华社 .《胡锦涛在中国共产党第十八次全国代表大会上的报告》http：//www.xinhuanet.com［EB/OL］［2012-11-17］

③ 新华社 .《习近平：决胜全面建成小康社会 夺取新时代中国特色社会主义伟大胜利——在中国共产党第十九次全国代表大会上的报告》http：//www.xinhuanet.com［EB/OL］［2017-10-27］

坚持人与自然和谐共生。树立和践行“绿水青山就是金山银山”的理念，坚持节约资源和保护环境的基本国策，像对待生命一样对待生态环境，统筹山水林田湖草系统治理，实行最严格的生态环境保护制度，形成绿色发展方式和生活方式，坚定走生产发展、生活富裕、生态良好的文明发展道路，建设美丽中国，为人民创造良好生产生活环境，为全球生态安全作出贡献。另外，报告中还指出下一阶段将从以下几点入手，加快我国生态文明建设，一是推进绿色发展。二是着力解决突出环境问题。三是加大生态系统保护力度。四是改革生态环境监管体制。

十多年来，中国共产党从中华民族永续发展的角度出发，将生态文明建设上升到了前所未有的高度，成功找到了一条立足中国国情、体现时代特征的建设生态文明正确道路。①

第二节　“绿水青山就是金山银山”概念的提出与发展

2013 年 9 月，习近平总书记在哈萨克斯坦纳扎尔巴耶夫大学发表演讲中提到“我们既要绿水青山，也要金山银山。宁要绿色青山，不要金山银山，而且绿水青山就是金山银山”，这是对这一理论最全面经典的阐述，概况了经济发展和生态环境辩证统一的关系。“既要绿水青山，也要金山银山”是社会主义生态文明重要的价值观、发展观，也是对经济发展方向的重要纲领性指引，强调了经济发展和生态环境保护的协调发展，以及人与自然、经济与社会的和谐发展。“宁要绿水青山，不要金山银山”强调了生态环境承载力问题，一旦经济发展和生态环境保护发生矛盾，要以生态保护为主，不能触碰生态保护红线。“绿水青山就是金山银山”，强调的是经济发展新动能，旨在将自然生态资源转化为经济发展的优势，寻求新的经济增长点、发展资源节约型、环境友好型，科技创新型经济。

2015 年 3 月，中央政治局会议审议通过《关于加快推进生态文明建设的意见》，“坚持绿水青山就是金山银山”首次正式写入党中央文件。2017 年，“绿水青山就是金山银山”被写入十九大报告，习近平总书记在十九大报告中

---

① 唐建兵 . 新中国成立 70 年来中国共产党推进生态文明建设的制度向度［J/OL］. 长安大学学报（社会科学版）：1–10［2020–07–31］.http：//kns.cnki.net/kcms/detail/61.1391.C.20200730.1330.002.html.

指出，“坚持人与自然和谐共生。建设生态文明是中华民族永续发展的千年大计。必须树立和践行绿水青山就是金山银山的理念，坚持节约资源和保护环境的基本国策，像对待生命一样对待生态环境”。从时代发展的角度看，二者的关系从“牺牲绿水青山换取金山银山的旧发展方式”转变为“绿水青山和金山银山的零和博弈”，而今正在向着“绿水青山和金山银山的浑然一体、和谐统一”努力。①

第三节　基于“绿水青山就是金山银山”的中国生态文明践行效果评价

该报告充分借鉴李晓西教授团队建立绿色发展指数的思路，并基于“绿水青山就是金山银山”的发展过程和时代内涵修改和创新，构建了评价“绿水青山就是金山银山”践行的指标体系。本报告构建的评价“绿水青山就是金山银山”践行效果的指标体系包含一级指标 3 个，分别为绿色发展的协调性，资源环境的承载力和产业发展的新动能。二级指标 9 个，三级指标 20 个，具体指标见表 1–1。绿色发展协调性对应的二级指标为经济发展水平和环境保护力度，其中，用人均地区生产总值作为经济发展水平的三级指标，用环境污染治理投资总额占地区生产总值的比重作为环境保护力度的三级指标。资源环境承载力对应的二级指标为生态承载能力、资源丰裕程度、环境质量水平，用生态承载力作为生态承载能力的三级指标，用人均水资源量和能源生产量与消费量的差额作为资源丰裕程度的三级指标，用单位地区生产总值二氧化硫排放量、单位地区生产总值化学需氧量排放放量、单位地区生产总值氮氧化物排放量、单位地区生产总值氨氮排放量、单位地区生产总值二氧化碳排放量作为环境质量水平的三级指标。产业发展新动能对应的二级指标为产业结构转型、产业资源节约、产业环境友好、产业创新发展，用六大高载能行业产值占工业总产值比重作为产业结构转型的三级指标，用单位地区生产总值水耗、单位地区生产总值能耗、单位地区生产总值电耗作为产业资源节约的三级指标，用工业二氧化硫去除率、工业氮氧化物去除率、工业废水

① 秦成逊，王荣荣．“绿水青山就是金山银山”视域下西部生态环境竞争力提升研究［J］．昆明理工大学学报（社会科学版），2019，19（03）：40–45.

化学需氧量去除量、工业废水氨氮去除率作为产业环境友好的三级指标，用人均 R&D 经费支出、国内专利申请授权量作为产业创新发展的三级指标。

表 1-1 “绿水青山就是金山银山”践行指标体系

一级指标	二级指标	三级指标	指标方向
绿色发展的协调性	经济发展水平	人均地区生产总值（元）	+
	环境保护力度	环境污染治理投资总额占地区生产总值比重（%）	+
资源环境的承载力	生态承载能力	生态承载力（公顷）	+
	资源丰裕程度	人均水资源量（立方米 / 人）	+
		能源生产量与消费量的差额（万吨标准煤）	–
	环境质量水平	单位地区生产总值二氧化硫排放量（吨 / 亿元）	–
		单位地区生产总值化学需氧量排放量（吨 / 亿元）	–
		单位地区生产总值氮氧化物排放量（吨 / 亿元）	–
		单位地区生产总值氨氮排放量（吨 / 亿元）	–
		单位地区生产总值二氧化碳排放量（吨 / 亿元）	–
产业发展的新动能	产业结构转型	六大高载能行业产值占工业总产值比重（%）	–
	产业资源节约	单位地区生产总值水耗（立方米 / 万元）	–
		单位地区生产总值能耗（吨标煤 / 万元）	–
		单位地区生产总值电耗（千瓦小时 / 万元）	–
	产业环境友好	工业二氧化硫去除率（%）	+
		工业废水化学需氧量去除率（%）	+
		工业氮氧化物去除率（%）	+
		工业废水氨氮去除率（%）	+
	产业创新发展	人均 R&D 经费支出（元 / 人）	+
		国内专利申请授权量（件）	+

三级指标中，二氧化碳排放量没有较为准确的统计值，但考虑到其对环境质量水平的影响不容忽略，故单位地区生产总值二氧化碳排放量按照空值处理。本报告使用的研究样本为 2011~2017 年中国 30 个省级行政区的面板数据，受数据收集的限制，不包括港澳台地区和西藏自治区。底层指标的计算中，涉及到地区生产总值的指标，均以 2010 年为基期剔除价格因素计算得到。为方便计算，对方向为“–”的指标求倒数，利用极差变化法将指标进行标准化，再使用加权平均的方法求出综合指数。

根据“绿水青山就是金山银山”践行指标体系计算出30个省份的综合指数排名和各个一级指标指数排名，详细排名见报告最后附表。单独看绿色发展协调性指数，2011~2017年排名均比较靠前的几个省市、地区有北京、天津、上海、江苏、内蒙古；单独看资源环境承载力，2011~2017年排名均比较靠前的几个省市、地区有内蒙古、北京、天津、山西、上海；单独看产业发展新动能，2011~2017年排名均比较靠前的几个省市、地区有北京、上海、江苏、浙江、广东、天津。综合分析，2011~2017年，北京、上海、天津、江苏、浙江的“绿水青山就是金山银山”践行效果综合指数位列前五，其中北京排名第一，说明北京在绿色经济发展、资源环境保护和产业发展方面的综合水平较高。

北京市坚持新发展理念，以改善环境质量为核心，以增强市民获得感为出发点，深入践行“绿色青山就是金山银山”，推进生态文明建设，按照《生态环境状况评价技术规范》评价，北京市2017年生态环境指数为67.8，比上年提高4.6%。空气质量达标天数为226天，比2013年增加50天，空气重污染天数为23天，比2013年减少35天。北京市“绿水青山就是金山银山”践行效果良好，主要有以下几方面的原因：

其一，政府重视。政府坚持问题导向，以改善环境质量为核心，加快生态文明体制改革。出台系列制度法规，划定生态保护红线，加强环保督察执法力度。政府对于生态资源保护、环境治理、产业转型和创新发展等方面的投入力度较大，以2017年为例，北京市环境污染治理投资额为665.4亿元人民币，占GDP的比重为2.38%，北京市研究与试验发展（R&D）经费投入强度为5.64%，均远高于其他省份。

其二，公众参与。北京市社会各界及广大市民通过多种方式持续关注并参与环境保护，微博、微信公众号等新媒体的关注度持续增加。2017年12369环保投诉举报热线年度受理环境信访和投诉举报5.7万余件，同比增加27.3%，80.5%的公众认为自身在环境保护中应发挥重要作用，43.3%的公众表示主动举报过环境违法行为。

其三，经济转型。北京市贯彻新发展理念，落实高质量发展要求，催生经济发展新动能，从产业结构上来看，2017年北京市第三产业的比重超过80%。从资源节约上来看，2017年北京市万元地区生产总值能耗、水耗和二氧化碳排放分别累计下降22.5%、22%和28.2%，能源利用效率位居全国首位。从环境保护上来看，2017 年北京市工业废水化学需氧量去除率达到 92%，工业废水氮氧化物去除率达到 88%，工业二氧化硫去除率达到 65%，工业氮氧化物去除率达到 43%，比前几年均显著提升。从产业创新发展上看，2017 年北京市落实全国科技创新中心建设总体方案，加速“三城一区”主平台建设，发挥中关村国家自主创新示范区引领带动作用，出台一系列先行先试政策，涌现一批重大标志性原创性成果和创新型企业，示范区规模以上企业总收入达到 2012 年的两倍，实施《中国制造 2025》北京行动纲要，发布新一代信息技术等 10 个高精尖产业发展指导意见及财政、土地、人才等一揽子支持政策，形成了全市上下推动高精尖产业发展的良好氛围。

当然，北京市取得良好成果的同时，依然存在一些问题。首先，北京市人口资源环境矛盾等长期性、结构性问题依然存在，生态环境承载力较其他省份相对较低，环境质量与其他省份依然存在较大差距，污染物排放量大。其次，北京市的原始创新能力不足和科技与产业创新脱节问题并存，科技创新支撑引领作用不够。再者，北京市经济发展与环境保护的协调性关系有待进一步改善。

第二章　中国生态压力情况评估

1987 年，“世界环境与发展委员会”发表了《我们共同的未来》这一重要报告，报告中首次提出了“可持续发展”的概念——即在不损害后代人满足其自身需要的资源前提下，满足当代人的需要的发展。换句话说，就是要实现经济、社会、资源和环境保护的协调发展。但近年来，随着时代的发展，全球性环境问题日益恶化，资源的耗竭程度不断加重，人类社会正在逐渐远离“可持续发展”的美好愿景。为了回归这一模式，我们必须寻求一个客观的、有效的、普适的衡量标准，从而计算出社会发展的可持续性，以便实现不同国家与地区之间可持续发展的比较。因此，如何将自然资产和人类利用的资源加以量化是可持续发展研究的关键，其核心是确定人类是否生存于生态系统的承载力范围内。

为了衡量人类对于自然提供的各种生态服务的消费与资源环境承载力之间的差额，加拿大环境经济学家 Rees 在 1992 年首次提出了“生态足迹”的概念，[①]之后，他的学生 Wackernagel 对其作了进一步完善。其定义为：任何已知人口（某一个人、一个城市或一个国家）的生态足迹是生产这些人口所消费的所有资源和吸纳这些人口所产生的所有废弃物所需要的生物生产性土地面积（包括陆地和水域）。该方法通过构建人类生态需求与实际生态承载力之间的生态账户，从而监测目前人类活动对于自然资源的占用程度，并借此分析探寻可持续发展的途径。

首先，本章节将结合我国国情，参考此前国际上相关组织提出的国家生态足迹核算方法，对中国的生态足迹、生态承载力、生态盈亏进行计算。

其次，基于中国生态足迹的测算结果，使得政府部门、社会各界掌握国内各省（市、自治区）目前所拥有的资源环境承载力与所面临的资源环境生态压力，从而为制订中长期的发展战略提供参考。

最后，尝试为社会各职能部门提供建议，进而引导广大群众养成良好的环

① William E. Rees. Ecological footprints and appropriated carrying capacity: what urban economics leaves out. 1992, 4 (2): 121-130.

保习惯与消费习惯，提高我国的生态文明程度，继而促进我国的生态文明建设。

第一节　生态盈亏测度

一、生态足迹理论

生态足迹测度方法作为近年来学术界广为采用的一种对于生态可持续性进行测算的非货币化方法，是由 William E.Rees 在 1992 年首次提出，其博士生 Wackernagel 在 1997 年对这一全新概念做了完善，并对全球 52 个国家及地区 1997 年的生态足迹进行了测算。[①] 生态足迹的定义为：任何已知人口（某一个人、一个城市或一个国家）的生态足迹是生产这些人口所消费的所有资源和吸纳这些人口所产生的所有废弃物所需要的生物生产性土地面积（包括陆地和水域）。[②]

生态足迹通过将某一区域人类为满足其资源消费、污染物消纳、基础建设支持等所需要的资源和能源消费转化成为提供这些物质所必需的生物生产性土地，并将各种生物生产型土地面积乘以相应的等价因子后进行加总，以调整成为一个可以进行全球可比的土地面积。生态足迹将生物服务数量转化为环境空间数量，[③] 从而提供不同国家、不同地区之间消费水平及可持续发展水平的比较尺度。

二、生态生产型土地

生态生产型土地是指具有生产能力的土地或水域，根据生产力大小的差异，地表的生态生产型土地可以分为六大类，分别是：耕地、林地、牧草地、渔业用地、建设用地以及化石能源用地（碳吸收用地）。其中，耕地表示用来种植人类消费的食物和纤维，以及生产牲畜饲料、油料、橡胶等农产品所需的农田面积；林地表示支持木材、纸浆、薪柴等林木产品生产所需的林地面

① Wackernagel，M.，et al.，National natural capital accounting with the ecological footprint concept. Ecological Economics，1999（3）：p. 375-390.

② 徐中民，程国栋，张志强．生态足迹方法的理论解析［J］. 中国人口·资源与环境，2006（06）：69-78.

③ 赵莺燕．青海省生态可持续发展定量研究［C］. 生态经济与生态文明．：中国生态经济学学会，2012：89-98.

积；牧草地表示支持肉、奶、毛、皮畜牧产品生产所需的草地面积；渔业用地根据渔获数据推算的支持捕捞淡水与海水产品生产所需初级生产量来计算；建设用地表示交通、住房、工业构筑物、水电站、水库等人类基础设施所占用的土地面积；化石能源用地（碳吸收用地）表示扣除海洋碳吸收贡献后，吸收化石燃料燃烧排放二氧化碳所需的森林面积。①

由于建设用地与化石能源用地与前四类型土地存在本质区别，在生态足迹理论中，建设用地的土地生产力通常与耕地的土地生产力相一致，这是因为，建设用地往往占用的是地区内最肥沃的土地，损失了其原本作为耕地的生产能力；考虑到化石能源的不可再生性，Rees 和 Wackernagel 将化石能源用地定义为“用于吸收化石能源燃烧排放的温室气体的森林”，通过化石能源使用的碳排放量，进而估计其占用的环境（林地）空间。

三、生态足迹计算模型

生态足迹帐户分类方法和计算方法通常有两种，即综合法和成分法。综合法以各类物质的宏观统计数据为基础，计算一个地域或群体对各类物质的整体消费及其对应的生态足迹，适用于全球、国家和区域层次的生态足迹研究。成分法则以构成消费成分的单体测量结果为基础计算研究对象的物质消费量和生态足迹，适用于小单元对象的生态足迹计算，如城镇、村庄、公司、学校、个人或单项活动等。②

本报告测算采用综合法。

（一）参数说明

1. 等价因子

等价因子（equivalence factor），也称均衡因子。在生态足迹的测算中包含六种生态生产型土地，不同类型土地的生产力存在较大差异，如耕地的平均生产率就显著高于地球上其他生态生产型土地（含水域）的平均生产率。为了能够体现这种差异，Wackernagel 提出了等价因子的概念，从而将不同类型的生物生产型土地转换为统一可比的国际单位，即全球公顷。

① 《中国生态足迹与可持续发展研究报告 2014》http：//www.wwfchina.org/content/press/publication/2014/CN2014footprint.pdf［EB/OL］［2014］

② 谢鸿宇，王羚郦等．生态足迹评价模型的改进与应用［M］．北京 化学工业出版社（2008）

表 2–1　不同类型生态生产型土地的等价因子

土地类型	可耕地	林地	草地	水域	建设用地	化石能源用地
等价因子	2.50	1.28	0.46	0.37	2.50	1.28

数据来源：全球足迹网络 2019 年最新发布的数据结果（2016 年度数据）

2. 产量因子

产量因子（yield factor），也称产出因子、生产力系数。该参数是用于衡量不同国家之间同类型生态生产型土地生产力差异的系数，由某一地区的某类生态生产型土地的平均生产力与其相应土地类型的世界平均生产力比值获得。产量因子的提出与运用，使得各地区的同种生态生产型土地能够进行比较。

需要注意的是，与等价因子不同，考虑到因化石能源消耗而损失掉的自然资本是无法再生的，因此，在国家或地区的生态承载力的测算中，不纳入化石能源用地，该土地对应的产量因子也就不予计算。

表 2–2　不同生态生产型土地面积的产量因子

土地类型	可耕地	林地	草地	水域	建设用地
产量因子	2.02	1.18	0.81	1.27	2.02

数据来源：全球足迹网络 2019 年最新发布的数据结果（中国 2016 年度数据）

综合以上两点，学者们将不同国家、不同土地之间测算得到的足迹结果进行折算，实现了生态足迹的统一性、可比性，从而实现对全球的生态占用程度以及可持续发展水平的基本判断。

（二）生态足迹测算方法

国家或地区的生态足迹可以写为：

$$EF = N \cdot ef = N \cdot \sum_{j=1}^{6} \left(r_j \cdot aa_j \right) \quad (1)$$

其中，N 为国家或地区人口数量，ef 为人均生态足迹，r_j 为等价因子，aa_j 为第 j 类生物生产型土地面积。

$$aa_j = \cdot \sum_{i=1}^{n} \left(\frac{C_i}{P_i} \right) \quad (2)$$

其中，C_i 为第 i 种产品的人均年消费量，P_i 为第 i 种产品的平均生产能力。

利用以上计算方法，即可测算不同国家或地区的生态足迹。

（三）生态承载力测算方法

国家或地区的生态承载力的计算方法如下：

$$BC = N \cdot bc = N \cdot \sum_{j=1}^{5} \left(a_j \cdot r_j \cdot y_j \right) \tag{3}$$

其中，N 为人口数量，bc 为人均生态承载力。a_j 为人均年占有的第 j 类生态生产型土地面积，r_j 为等价因子，y_j 为产量因子。产量因子因各国及地区之间的土地质量情况与产量水平不同而存在差异。需要注意的是，根据世界环境与发展委员会的报告《我们共同的未来》建议，生态承载力中应扣除 12% 的土地面积以保护生物多样性，因此，应乘以 0.88 的份额作为国家或地区生态承载力的最终结果。

（四）生态盈亏

通过比较一个国家或地区的生态足迹与生态承载力，可以得到其生态盈亏程度。计算方法如下：求生态承载力与生态足迹之差。

$$EB = BC - EF \tag{4}$$

当生态足迹大于生态承载力，即结果为负时，称之为生态赤字，表明该地区的地区发展模式处于相对不可持续状态，差额越大，生态压力越大。当生态足迹小于生态承载力，即结果为正时，称之为生态盈余，表明当下该地区的生态容量足以支持其人类负荷，其发展模式具有相对可持续性，暂不存在生态压力。

第二节　全国生态盈亏结果时空演变分析

一、生态盈亏结果

（一）数据来源

基于多位学者此前的相关研究，本报告沿用上文中提到的生态足迹理论方法对 2005–2018 年我国 30 个省（市、自治区）的生态足迹、生态承载力及生态盈亏结果进行了测算。[①] 数据来源于《中国统计年鉴》、各省（市、自治区）《统计年鉴》《中国农村统计年鉴》《中国环境统计年鉴》《国家生态足迹账户》、世界自然基金会及全球足迹网络等。

（二）历年生态盈亏数据结果

1. 全国结果

经过计算，并结合全球足迹网络公布的最新数据，我们得到了中国 2000~2018 年的生态足迹和生态承载力结果。结合图 2-1 分析，可以看出，2000~2013 年间，我国人均生态足迹持续增长，从 2000 年的 1.9201 公顷上升到了 2013 年的 3.7203 公顷，增幅约 93.76%，近乎翻番，平均每年增长幅度约为 7.21%。2014~2018 年间，我国人均生态足迹开始出现回落，并逐年下降。

与人均生态足迹相比，人均生态承载力的变化并不明显，虽然有小幅增长，但增长率仅为 9.76%，18 年里只提高了 0.068 公顷。综合来看，我国自 2000 年以来，一直处于生态赤字状态，尽管自 2014 年开始出现小幅回落，但生态压力一直处于较高程度。如果不尽快采取相应的生态保护措施，中国在未来发展中极有可能出现资源供给不足的局面。

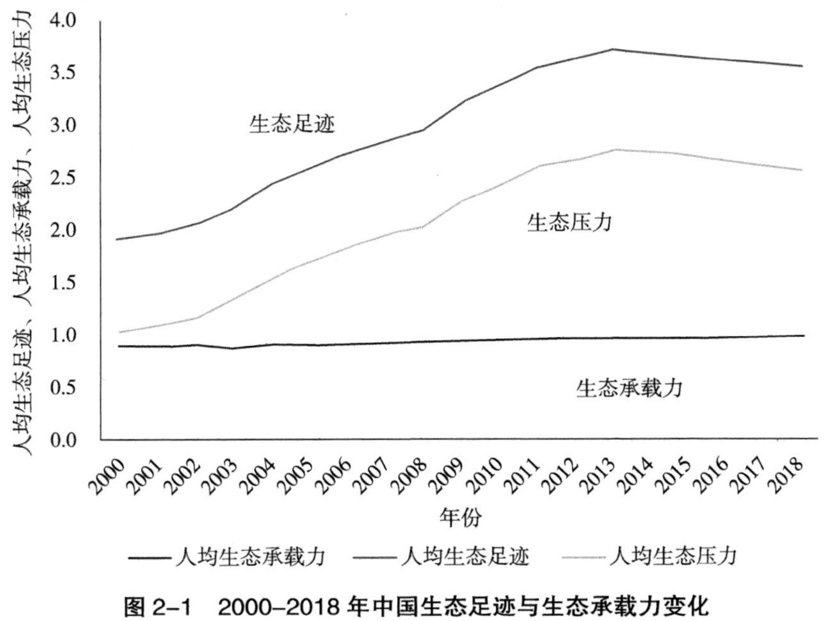

图 2-1　2000-2018 年中国生态足迹与生态承载力变化

① 不包括我国港澳台地区、西藏地区（因数据缺失）。

2. 省际结果

经过计算，得到了 2005–2018 年我国各省（市、自治区）的生态盈亏结果。表 2–3 展示了我国 30 个省（市、自治区）2005 年、2010 年、2015 年和 2018 年生态盈亏的结果。

表 2–3 分地区生态盈亏结果（2005 年、2010 年、2015 年、2018 年）

EB_i（公顷）	2005	2010	2015	2018
安徽	–0.167	–0.503	–0.689	–0.788
北京	–1.633	–1.559	–1.585	–1.545
福建	–0.483	–0.918	–1.076	–1.155
甘肃	–0.123	–0.168	0.079	0.079
广东	–0.753	–1.088	–1.333	–1.425
广西	0.377	0.197	–0.120	–0.373
贵州	–0.261	–0.506	–0.453	–0.579
海南	0.351	–0.752	–0.315	–0.428
河北	–0.672	–1.065	–1.149	–1.214
河南	–0.408	–0.551	–0.831	–0.821
黑龙江	1.472	1.319	1.883	1.855
湖北	–0.376	–0.636	–0.625	–0.639
湖南	–0.075	–0.223	–0.346	–0.425
吉林	0.474	0.473	0.466	0.442
江苏	–1.094	–1.514	–1.809	–1.888
江西	0.062	0.062	–0.149	–0.223
辽宁	–1.581	–2.058	–1.687	–1.794
内蒙古	2.609	1.391	0.064	–0.303
宁夏	–1.366	–2.465	–3.915	–4.567
青海	3.113	2.565	2.393	2.130
山东	–1.107	–1.604	–1.740	–1.757
山西	–1.640	–1.843	–2.507	–2.950
陕西	–0.134	–0.651	–0.910	–1.042
上海	–2.397	–2.326	–2.679	–2.819
四川	0.206	0.096	–0.048	–0.074

续表

EB_i（公顷）	2005	2010	2015	2018
天津	−2.046	−2.593	−2.500	−2.382
新疆	0.560	0.034	−1.356	−1.736
云南	0.971	0.791	0.687	0.879
浙江	−0.995	−1.677	−1.587	−1.693
重庆	−0.396	−0.353	−0.525	−0.650

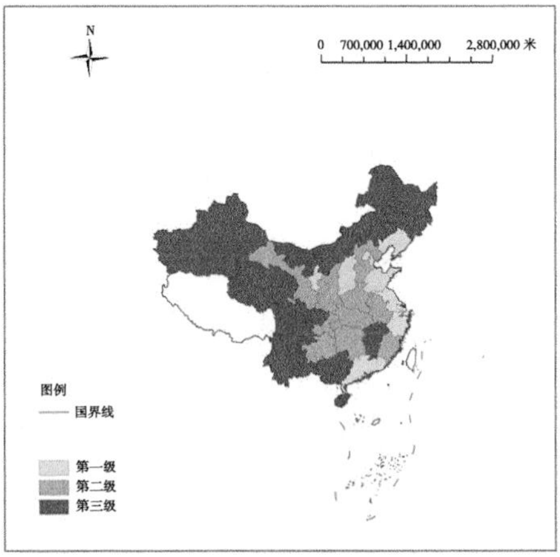

图 2-2（a）2005 年中国各省份生态盈亏状况

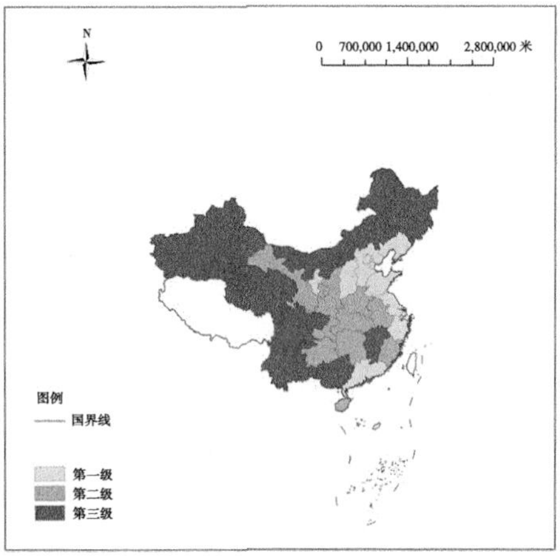

图 2-2（b）2010 年中国各省份生态盈亏状况

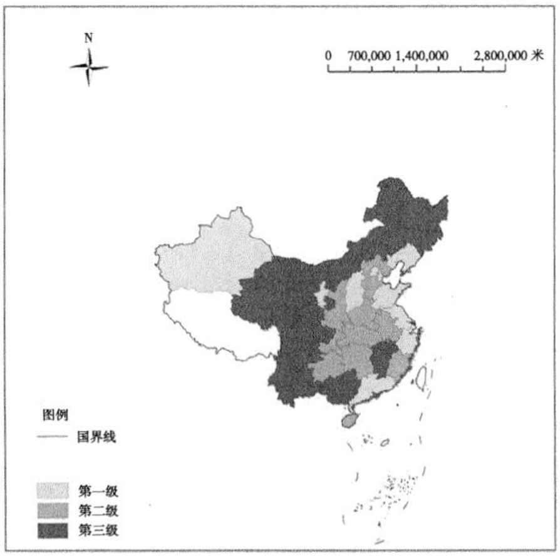

图 2-2（c）2015 年中国各省份生态盈亏状况

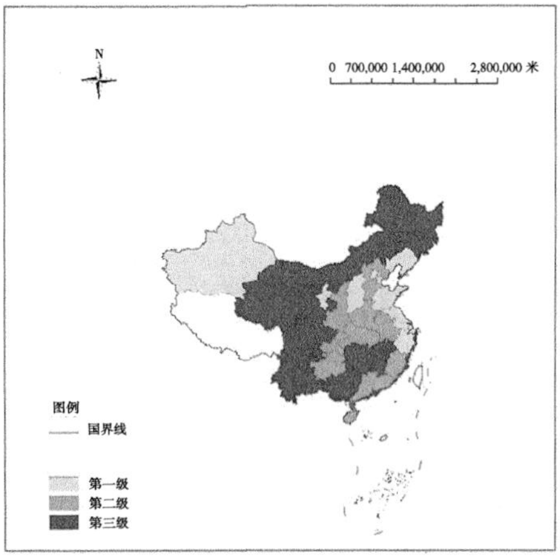

图 2-2（d）2018 年中国各省份生态盈亏状况

图 2-2 省际维度下的生态盈亏时空演变（2005 年、2010 年、2015 年、2018 年）

从表 2-3 中可以发现，2005 年 20 个地区的生态盈亏为负值，即生态足迹大于生态承载力，存在生态压力，区域的可持续发展存在威胁；这一数量在 2018 年达到 25 个，即仅有 5 个地区处于生态盈余状态，区域的可持续发展仍可继续进行。此外，黑龙江省、吉林省、青海省、云南省在统计年份内，生态压力均为正值，生态足迹的结果始终低于生态承载力，这可能与当地较为丰富的自然资源和大量尚未开发的自然区域有较大关系；北京市、天津市、上海市在统计年份内，生态压力均为负值，且生态赤字最为严重，这或许与以上地区资源匮乏，对于其他地区资源依赖程度较大相关。

利用 Arcgis10 软件，我们对 2005 年、2010 年、2015 年及 2018 年中国省级维度下的生态盈亏时空演变变化做了直观的展示，如图 2-2 所示，图中颜色的深浅程度与该地区生态盈亏的结果直接相关，生态盈亏结果为正且越大，则绿色越深，反之绿色深浅程度减轻。可以发现，西部地区及内蒙古和东北各省市始终维持较低的生态压力，而东部沿海各地区则保持较高的生态占用程度，生态压力较大。此外，也有部分地区在该时间跨度内生态环境问题有所改善，生态赤字逐年缩小，从第三、第二梯队逐步向第二、第一梯队进发，如广东省、湖南省。

综上所述，我国不同省份之间的生态资源水平差异悬殊，既存在生态盈余、可持续发展程度较高的地区，也有不少生态占用水平过高、常年生态赤字的省份，仅仅考虑区域间自然资源禀赋的差异显然是不客观的，还需要结合区域经济发展的要求。因此，本报告引入各省份的人均 GDP、城镇人口比重、第三产业比重、环境污染治理额占地区生产总值的比重四个变量，进一步分析不同省份之间的生态环境与经济发展之间的关系。

二、影响因素分析

（一）模型构建

为研究长期以来我国不同省份之间生态占用水平的地区差异，并深入研究影响地区生态环境的具体因素，本报告选用了面板数据的回归分析方法，通过分析不同影响因素与生态盈亏结果之间的联系，从而为日后各区域生态文明建设和环境保护政策的制订提供建议。在面板模型的回归中，根据模型回归结果中截距项和斜率项的不同限制分为以下几种：混合效应模型、变截距模型和变系数模型；其中变截距模型中又分为固定效应模型和随机效应模型。本报告在比较分析了不同模型构建的适应性后，最终选取了固定效应模型。

生态环境与人类社会的发展息息相关，自人类文明诞生之初，生态环境就一直默默地为我们提供着数额巨大的资源。近半个世纪以来，人口的迅猛增长和科学技术的飞速发展向生态环境提出了挑战，生态环境的稳定和平衡也受到巨大的影响。生态压力既受限于一个地区原本的土地资源、水资源等，同时也与当地社会发展的其他因素相关。因此，在变量的选择上，文中分别从经济发展水平、产业结构、城市化进程和环境保护意识四个角度作为切入点，试图分析并解释我国各省（市、自治区）生态盈余结果差异的影响因素，探究我国目前的生态环境水平，进而分析下一阶段不同省（市、自治区）生态文明建设与环保政策制订的方向，认真贯彻落实“绿水青山就是金山银山”的理念，实现经济发展与生态保护的协同发展。

$$EB_{ij} = \alpha + \beta_1 cgdp_{ij} + \beta_2 ur_{ij} + \beta_3 prod3_{ij} + \beta_4 envi_{ij} + \epsilon$$

其中，EB 为我国各省（市、自治区）2005—2017 年人均生态盈亏结果，cgdp 代表当年的人均 GDP，ur 代表城镇人口比重，prod3 为第三产业比重，envi 环境污染治理投资总额占地区生产总值的比重，α、β_1、β_2、β_3、β_4 为估计系数，ϵ 为随机扰动项。

（二）影响因素评价

根据上文中构建的面板回归固定效应模型，利用 stata 软件，得到了模型回归结果，结果如下所示：

表 2-4　生态盈亏结果影响因素回归系数表

变量名称	c	cgdp	ur	prod3	envi
回归结果	0.9367	-6.69×10^{-6}	−0.277	0.0836	−0.1528
P 值	0.000	0.000	0.004	0.085	0.000

从上表中结果分析得：

（1）地区经济发展水平与生态盈亏结果为负相关，当经济发展向好，人均 GDP 呈上升趋势时，生态盈亏结果会随之向负值（生态赤字）靠近，即生态占用水平变高。经济发展水平往往依托于对自然资源的消耗，这也证实了在此前，我国部分地区的快速发展是以破坏生态环境为代价的。在历史长河中，我们人类在取得巨大社会进步的同时，也打破了生态环境原本的平衡。结合中国省际维度下的生态盈余计算结果可以发现，大多数经济发展水平比较落后的地区，生态占用程度的确较低，生态盈亏结果往往为正值（生态盈余）。但是以牺牲经济发展为前提的生态保护显然是不可取的，中国已经驶向了经济发展的快车道，如何正确处理资源开发与环境保护的关系，经济发展与生态文明建设共同发展，则是未来必须要解决的重要问题。

（2）地区城市规模与生态盈亏结果为负相关，城市化进程的加速会影响区域原本的生态环境。近年来，城市在发展过程中出现的交通拥挤、住房紧张、资源紧缺、环境污染等等一系列问题被称为“城市病”。当一座城市以迅猛的势头一路前行之时，必将因城市规划的不当、耕地资源的侵占、基础设施建造等原因进而影响生态环境，阻碍城市的可持续发展。

（3）第三产业增加值占地区生产总值的比重对生态盈亏结果有正向影响。生态盈亏为生态承载力与生态足迹之间的差值，结果为正值且越大，表明该地区的生态占用程度越低。第三产业多为服务业及高新技术产业，产业结构的调整升级将在很大意义上改善现有的生态环境现状，第三产业的快速发展往往伴随着科学技术的推动和劳动力素质的提升，企业能够利用少量的资源创造更大的价值，从而一定程度上降低生态占用程度。

（4）环境保护意识角度，文章选取了环境污染治理额占地区生产总值比重这一变量，回归结果表明，该变量与生态盈亏结果为负相关。这可能是因为环境治理政策往往是结合地区此前的生态环境及自然资源情况提出的，生态环境问题越突出，政府的扶持与改革力度就越大。

第三节　省际生态盈亏结果分析—以北京市为例

一、生态足迹

生态足迹的计算包括两个部分，分别是生物资源消费足迹与能源消费足迹。其中，生物资源的消费分为农产品、动物类产品、水产品、林产品等共12个品种，具体为粮食（原粮）、食用油、蔬菜及食用菌、猪肉、牛肉、羊肉、禽类、水产品、蛋类、奶类、干鲜瓜果类和木材。根据北京市的平均单产水平，运用生态足迹模型，计算得到以下的生物资源消费足迹。另一方面，能源消费足迹解释了居民日常生活中对于能源的占用，具体囊括了原煤、原油、天然气、汽油、柴油、液化石油气、电力等等。通过计算能源消费产生的二氧化碳排放，从而得到北京市的能源消费足迹。两者相加后即得到北京市当年的生态足迹。表 2–5 为北京市 2013–2017 年生态足迹的计算结果，为了分析不同阶段之间的差异，还提供了 2005 年与 2010 年的生态足迹计算结果。

表 2–5　北京市 2013–2017 年人均生态足迹（分土地）

年份	耕地（公顷 / 人）	牧草地（公顷 / 人）	林地（公顷 / 人）	水域（公顷 / 人）	建设用地（公顷 / 人）	化石能源用地（公顷 / 人）	人均生态足迹
2005	0.1090	0.3187	0.0004	0.0018	0.0415	1.3556	1.8735
2010	0.1006	0.2970	0.0049	0.0006	0.0434	1.3159	1.8150
2013	0.1061	0.3766	0.0095	0.0009	0.0453	1.3456	1.9384
2014	0.1113	0.4033	0.0060	0.0007	0.0457	1.3310	1.9517
2015	0.0946	0.3683	0.0059	0.0010	0.0459	1.2902	1.8527
2016	0.0862	0.3384	0.0068	0.0008	0.0462	1.2930	1.8188
2017	0.0806	0.3223	0.0057	0.0012	0.0462	1.3125	1.8160

二、生态承载力

结合生态生产型土地类型，将北京市的耕地、牧草地、林地、水域和建设用地的面积利用等价因子与产量因子进行折算，使其转化成为全球可比的生态生产型土地面积，结算结果即为北京市的生态承载能力，北京市 2013–2017 年人均生态承载力具体结果见表 2–6。

表 2–6　北京市 2013–2017 年人均生态承载力（分土地）

年份	耕地（公顷 / 人）	牧草地（公顷 / 人）	林地（公顷 / 人）	水域（公顷 / 人）	建设用地（公顷 / 人）	人均生态承载力
2005	0.06347	0.00004	0.04815	0.08798	0.08798	0.19963
2010	0.06375	0.00004	0.05179	0.09612	0.09612	0.21169
2013	0.06240	0.00000	0.05570	0.09968	0.09968	0.21779

续表

年份	耕地 （公顷 / 人）	牧草地 （公顷 / 人）	林地 （公顷 / 人）	水域 （公顷 / 人）	建设用地 （公顷 / 人）	人均 生态承载力
2014	0.06151	0.00000	0.05711	0.09939	0.09939	0.21801
2015	0.05695	0.00000	0.05792	0.09270	0.09270	0.20758
2016	0.05627	0.00000	0.05878	0.09355	0.09355	0.20860
2017	0.05559	0.00000	0.05969	0.09368	0.09368	0.20895

三、生态盈亏

计算生态承载力与生态足迹的差值，可以得到北京市的生态盈亏结果，从而分析北京市的可持续发展水平。表 2–7 为是北京市生态生态盈亏的计算结果，负值表示生态赤字，正值表示生态盈余。

表 2–7　北京市 2013–2017 年人均生态盈亏结果（分土地）

年份	耕地 （公顷 / 人）	牧草地 （公顷 / 人）	林地 （公顷 / 人）	水域 （公顷 / 人）	建设用地 （公顷 / 人）	化石 能源用地 （公顷 / 人）	人均 生态压力
2005	–0.04556	–0.31861	0.04774	0.08614	0.04649	–1.35564	–1.67392
2010	–0.03681	–0.29695	0.04693	0.09555	0.05274	–1.31586	–1.60326
2013	–0.04372	–0.37661	0.04625	0.09881	0.05434	–1.34562	–1.72056
2014	–0.04976	–0.40329	0.05107	0.09869	0.05373	–1.33102	–1.73370
2015	–0.03768	–0.36828	0.05204	0.09173	0.04685	–1.29019	–1.64509
2016	–0.02990	–0.33837	0.05194	0.09271	0.04735	–1.29301	–1.61018
2017	–0.02501	–0.32228	0.05397	0.09252	0.04749	–1.31254	–1.60702

（四）讨论与分析

从表 2–5 中可以看出，北京市的人均生态足迹从 2013 年的 1.9384 公顷，下降到 2017 年人均生态足迹 1.8160 公顷。化石能源用地生态足迹（也称碳足迹）是北京市生态足迹的主要组分，2013 年，这一比重为 69.42%，到了 2017 年，这一比重攀升至 72.27%。如何从居民的个人与家庭日常消费及社会生产服务的各个领域入手，进而控制这一足迹的增长速率，是北京市目前面临的重要问题之一。近五年来，人均生态足迹下降 6.74%，其中，耕地和牧草地的下降最为显著，分别为 31.64% 和 16.85%，生态足迹下降意味着人类对自然资源利用强度的降低，究其原因，居民饮食结构的变化、工业企业能源消耗结构的转型、生态文明建设要求的提出与践行，都不同程度地抑制了北京市生态足迹地进一步扩大。

从表 2-6 中得知，北京市 2013 年人均生态承载力为 0.21779 公顷，2017 年人均生态承载力为 0.20895 公顷。人均生态承载力在近五年内出现了小幅的下降，这可能是耕地减少、土地生产能力下降造成的。人均生态承载力逐渐减小，尽管生态足迹逐年下降，但总体还是表现为生态赤字，这说明人类对自然资源的利用已经超过其承载力范围，单靠北京市自身拥有的自然资源已经无法支撑经济和社会的发展，对省外资源存在依赖性。值得注意的是，从表 2-7 中可以看出，人均生态赤字从 2013 年的 1.72056 公顷下降到 2017 年的 1.60702 公顷，下降了 7.07%，北京市对于生态生产型土地的占用程度有所降低。此外，除林地外，其它五项生态生产性土地的生态赤字均有所下降。其中耕地和牧草地的降速达到了 74.81% 和 16.86%，水域的下降速率也达到了 14.42%，这三个类型的土地主要衡量了人类消费的食物、肉、奶、毛等畜牧产品以及水产品的所需的面积，这表明，北京市近五年内对于省外的食物类资源的依赖程度渐渐减轻，但在化石能源与林木产品的需求上仍高度依赖省外资源。

第三章　可持续发展的产业维度：产业绿色化与资源可持续的联动关系研究

随着社会的不断发展，经济对于生态环境的影响越来越明显，导致了一系列水资源污染、土壤流失等环境问题。高消耗、高污染和低效率的粗放型增长模式已经严重破坏了自然环境，威胁到人类的生存和发展。党的十八大报告提出，要把资源消耗、环境损害、生态效益纳入到经济社会发展体系当中，建立体现生态文明要求的目标体系、考核办法、奖惩机制。国家发展既需要经济增长，更需要绿色、低碳、高效、可持续的经济增长，绿色发展成为了“五大发展理念”的核心主轴之一。为了改善生态环境恶化的问题，促进经济与生态环境和谐发展，推进产业绿色化发展迫在眉睫，势必要大力发展绿色经济。而经济的发展是以产业发展为基础的，经济的绿色化发展需从产业的绿色化发展抓起。

本报告将“绿色”引入对产业发展的评价中，着重衡量产业的发展是否符合生态文明发展的要求，是否符合低耗能、污染少、环保等要求。聚焦产业绿色化发展中资源节约环节，将产业同等技术条件下耗用资源数量的减少视为产业得到了绿色化的发展。将以基期技术水平为基准计算出的预期能源消耗量、电力消耗量、水资源消耗量与实际消耗量相比较，以得出的资源消耗量差值来代表产业发展是否实现绿色化，并对其进行货币化处理，定量化测度产业增加值中绿色化部分的比例。首先测算 2000 年—2017 国家层面产业绿色化发展的状况，接着衡量 2004 年—2017 年 30 个省（市、自治区）[①] 产业的绿色化发展效果与水平。最后根据测度出的省际产业绿色化数值，采用面板数据回归模型进行影响因素的分析，从而在衡量产业绿色化发展状况的基础上，分析影响产业绿色转型的因素，为生态文明建设下产业绿色化的发展提供一些可行性建议。

① 不包括我国港澳台地区、西藏地区（因数据缺失）。

第一节 全国产业绿色化发展状况

一、从投入角度衡量产业绿色化发展

本报告所衡量的产业绿色化发展从投入角度出发，将产业绿色化发展效果以货币来衡量，通过定量化测度产业增加值中绿色化部分的比例，来衡量整体产业的绿色化发展效果与水平。具体来看，以设定的基期产业增加值及相应的能耗强度、水耗强度、电耗强度为基准，根据历年的产业增加值推算出计算期历年的预期能源消耗、水资源消耗和电力消耗量，用计算期内每年预期的能源、水资源、电力与当年实际消耗量做差，以差值的正负来反映产业是否是绿色化发展，以差值的大小以及货币化数值大小来反映产业绿色化的水平，以货币化数值占当年增加值的比例来衡量产业绿色化的效果。

具体来看，本报告对于产业绿色化发展效果评价的基本思路从投入角度出发，包含三个指标，分别是能源投入、水资源投入和电力投入。评价方法主要基于两点考虑：首先，产业绿色化是一个复杂的过程。有学者从产业生产的各个环节着手，进行生产技术创新，将原产业发展成资源节约型、环境污染少甚至无污染的环保型产业。如苏利阳（2013）提出“绿色生产”的概念，聚焦工业绿色发展的“工业绿色生产”，从工业生产过程中资源环境绩效的角度，构建工业绿色发展绩效指数，重点反映工业发展与资源环境消耗的脱钩以及工业绿色生产的总体进展和水平。①有学者提出从全产业链着手，包括从原材料的投入、生产过程、包装过程、销售过程以及用户使用过程、报废之后的处理过程，全面分析一个产业是否符合资源节约、无污染、高效率等要求。如杨光（2018）构建低碳全产业链绿色度测定指标体系，提出可从产业使用设施设备的绿色化程度、产业物流发展程度等产业内部和外部指标进行全产业链绿色度测定。②但是这种分析方法较为复杂，难以进行实践操作。也有学者从投入和产出两端，采用投入产出法来进行产业发展的分析。如王许亮等（2018）基于中国服务业分行业 2004~2014 年的投入、“好”产出与

---

① 苏利阳，郑红霞，王毅．中国省际工业绿色发展评估［J］．中国人口・资源与环境，2013，23（8）：116–122.

② 杨光，孔訸炜，张永芬．低碳全产业链绿色度测定指标体系的构建研究［J］．理论界，2018（Z2）：17–24.

“坏”产出数据来分析 14 个服务业细分部门的绿色 TFP。[①] 产业的产出端较为复杂，包括有形的物资产出、无形的服务产出，以及固体废弃物、有害气体、其他污染物等，复杂且不易测得，尤其第一产业和第三产业的产出数据不易获得。故本报告拟从投入端考虑，不考虑产出端，以同等技术条件下投入端资源耗用量的变化来衡量产业绿色化发展的情况。

其次，我国产业的资源投入多集中在能源投入、水资源投入等，所以本报告选取能源、水资源、电力三大投入指标。选择电力指标的原因主要基于本报告衡量的是整体产业绿色发展的情况，能源消费与电力消费的相关性很高，电力消费量是“克强指数”[②] 的一个重要参考依据，数据可靠性较高，而能源消费总量是由各类能源消费量按一定权重进行加总得到，数据精确性和可靠程度不如电力消费量。同时，电力能实现大规模生产并远距离输送，不仅使用便利而且易于控制，是终端能源中最清洁的能源。因此，相较于其它能源的使用，电力能源的使用具有明显的节能效果和改善环境的作用。对于产业发展来说，各个产业的发展与电力息息相关，第二产业用电量与其产业增加值的相关系数高达 0.994；第三产业用电量与其产值增加值的相关系数高达0.995，[③] 同时不同产业的能源消费和电力消费存在着差别。从第二产业中的工业来看，能源消费量较多，而对于第三产业来说，能源消费中的原煤、原油等消耗较少，但是电力消耗却较多。因此，将能源消费与电能消费分开来探讨，能够更加准确地探讨投入量的变化引起不同产业资源消耗发生的变化。本报告通过能源折标煤参考系数将能源消费量中的电力消费量部分减去，从而可单独分析除电力消费量之外的能源消费量的变化。

首先，计算能源指标的货币化数值，如下公式所示：

$$GMV_{Ti} = \left(TEC_{Ri} - GDP_{Ri} * TEI_0\right) P_{T0} \qquad (1)$$

上式中，GMV_{Ti} 代表的是计算期能源指标的货币化数值，TEC_{Ri} 代表的是计算期实际的能源总消费量，GDP_{Ri} 代表计算期的实际 GDP，TEI_0 代表的是基期的能源强度，P_{T0} 代表的是基期的能源标准煤单价，此处选取的是 2000

① 王许亮，门小璐，胡宗彪．中国服务业分行业绿色生产率变迁与收敛性研究［J］．武汉理工大学学报（社会科学版），2018，31（03）：58-67.

② 郝宇，廖华，魏一鸣．中国能源消费和电力消费的环境库兹涅茨曲线：基于面板数据空间 计量模型的分析［J］．中国软科学，2014（01）：134-147.

③ 胡兆光．我国经济发展对电耗的影响及电力的需求浅析［J］．中国能源，2007（10）：8-12.

年标准煤平均单价。①能源投入指标选取的是能源消费量，数据来源于能源统计年鉴和各省（市、自治区）统计年鉴。本报告通过能源折标煤参考系数将能源消费量中的电力消费量部分减去，从而可单独分析除电力消费量之外的能源消费量的变化。

其次，计算电力指标的货币化数值，如以下公式所示：

$$GMV_{Ei} = \left(EC_{Ri} - GDP_{Ri} * EI_0\right) P_{E0} \tag{2}$$

上式中，GMV_{Ei}代表的是计算期电力指标的货币化数值，EC_{Ri}代表的是计算期实际的电力总消费量，GDP_{Ri}代表计算期的实际 GDP，EI_0代表的是基期的电耗强度，P_{E0}代表的是基期的平均销售电价②。电力投入指标选取的是电力消费量，数据来源于能源统计年鉴和各省（市、自治区）统计年鉴。因居民用电所占电力消费量的比例较小，且居民用电中会包括部分三产用电，故直接采用电力消费量来代替产业总的消费量。

接着，计算水资源指标得货币化数值，如以下公式所示：

$$GMV_{Wi} = \left(WC_{Ri} - GDP_{Ri} * WI_0\right) P_{W0} \tag{3}$$

上式中，GMV_{Wi}代表的是计算期水资源指标的货币化数值，WC_{Ri}代表的是计算期实际的用水量，GDP_{Ri}代表计算期的实际 GDP，WI_0代表的是基期的水耗强度，P_{W0}代表的是基期的综合平均用水价。③水资源投入指标选取的是用水总量，数据来源于各地的水资源公报，因生活用水包括第三产业用水和建筑业用水，居民生活用水所占比例较小，故此处以用水总量来代替产业总用水量。

最后，计算总的指标货币化数值，如下式所示，将三个指标进行加总：

$$GMV_i = GMV_{Ti} + GMV_{Ei} + GMV_{Wi} \tag{4}$$

在上述计算中，若GMV_i为负，代表实际能源投入量、水资源投入量、电力投入量小于预期投入量，说明产业绿色化发展的效果相对于基期是提升的；如果为正值，代表实际投入量大于预期投入量，产业绿色化发展效果相对于基期是下降的。

---

① 王镜生．火电厂燃煤掺烧分析［J］．科技资讯，2009（21）：103-104+106.

② 从荣刚．中国电力价格改革的回顾与反思［J］．当代经济管理，2012（09）：88-91.

③ 倪红珍．基于绿色核算的水资源价值与价格研究［D］．中国水利水电科学研究院，2004.

二、全国产业绿色化的测算结果

采用上述产业绿色化发展测算方法对全国 2000 年 ~ 2017 年的产业进行评价。首先，需要对名义增加值进行处理。在假定技术水平不变的情况下，产业每年的能源消费量、用水量和电力消费量应与当年的生产总体规模相当。而名义增加值会受到当年价格的影响，并不能准确地反映出真实的生产规模与生产水平，故以 2000 年为不变价计算出 2000–2017 年的实际增加值，以此来准确衡量实际的生产规模。每年的实际增加值如表 3–1 所示。

表 3–1　2000–2017 年实际增加值折算表（以 2000 年不变价）

全国	名义增加值（亿元）	GDP 指数（上年 =1）	实际增加值（亿元）
2000	100280.10	1.00	100280.10
2001	110863.10	1.08	108603.35
2002	121717.40	1.09	118486.25
2003	137422.00	1.10	130334.88
2004	161840.20	1.10	143498.70
2005	187318.90	1.11	159857.55
2006	219438.50	1.13	180159.46
2007	270232.30	1.14	205742.11
2008	319515.50	1.10	225699.09
2009	349081.40	1.09	246914.80
2010	413030.30	1.11	273087.77
2011	489300.60	1.10	299031.11
2012	540367.40	1.08	322654.57
2013	595244.40	1.08	347821.63
2014	643974.00	1.07	373212.61
2015	689052.10	1.07	398964.28
2016	743585.50	1.07	425694.88
2017	827121.70	1.07	455067.83

注：GDP 指数来源于国家统计局网站。

在各计算期实际 GDP、基期 2000 年的能耗强度、水耗强度、电耗强度的基础上，根据公式（1）–（4），计算出全国 2000—2017 年产业绿色化发展效果指标货币化数值的测算表如表 3–2 所示。

表 3–2　产业绿色化发展效果指标货币化测算表

China	GMV_{Ti}（亿元）	GMV_{Ei}（亿元）	GMV_{Wi}（亿元）	GMV_i（亿元）
2000	0.00	0.00	0.00	0.00
2001	–116.56	17.28	–772.94	–872.22
2002	–145.44	166.50	–1996.85	–1975.80
2003	133.57	613.13	–3649.75	–2903.06
2004	529.75	1085.15	–4638.30	–3023.40
2005	725.70	1395.91	–6261.56	–4139.95
2006	541.82	1766.75	–8163.56	–5855.00
2007	117.19	2043.54	–10921.17	–8760.43
2008	–487.64	1700.34	–12926.75	–11714.06
2009	–968.65	1555.49	–15142.55	–14555.71
2010	–1462.48	2114.05	–17898.68	–17247.10
2011	–1893.70	2751.18	–20572.83	–19715.35
2012	–2498.14	2585.13	–23093.82	–23006.84
2013	–3242.12	3012.17	–25770.06	–26000.02
2014	–4094.01	2516.11	–28731.05	–30308.95
2015	–5091.90	1781.28	–31537.99	–34848.61
2016	–6136.65	1654.70	–34594.87	–39076.82
2017	–7069.30	1484.51	–37809.06	–43393.85

注：正值（+）代表实际大于预期，说明产业绿色化发展的效果较 2000 年有所下降；负值（–）代表实际小于预期，说明产业绿色化发展的效果较 2000 年有所上升。

表 3–2 表示的是以 2000 年为基期，2001—2017 年能耗、电耗、水耗差值的货币量以及合计的差值货币量 GMV_i。根据计算的方法，差值 = 实际 – 预期，当差值为正值（+）时，代表实际的能源消费量、用水量、电力消费量比预期的要多，也就是说以 2000 年的技术水平所需的投入量小于实际的投入量，可认为 2001—2017 年的产业绿色化发展并未有所改进，甚至可以说是后退的，此时可认为产业绿色化发展的效果下降；而当差值为负值（–）时，代表实际的能源消费量、用水量、电力消费量比预期的要少，也就是说以 2000 年的技术水平所需的投入量大于实际的投入量，可认为 2001—2017 年的产业绿色化发展是有所改进的，此时可认为产业绿色化发展的效果上升。

从计算结果可以看出，与 2000 年相比，我国产业绿色化发展的效果在不断变好。由表 3–2 可以看出，从 2001—2017 年，能源指标在 2003—2007 年为正值，能源的实际投入量大于预期的投入量，能源指标抑制了产业绿色化的发展。而其余年份均为负值，可以看出在全国范围内而言，能源的实际投入量小于预期的投入量，能源指标促进了产业绿色化的发展。而电力指标则从 2001 年—2017 年均为正值，电力的实际投入量大于预期的投入量，拉低了产业绿色化的发展。由中国能源统计年鉴可看出，在全社会用电中，工业所占的比重最大，占比在 70% 左右。进入 21 世纪以来，我国进入工业化快速发展的时期，工业用电需求强度增加，加之从 2003 年“煤改电”工程的实施，电耗强度虽呈现先增加后减少的趋势，但总体还是较 2000 年大，故以 2000 年为基期来看，电力实际的消费量要大于预期的消费量，说明我国产业在电能的利用效率上还有很大的提升空间。用水指标则较为统一，从 2001—2017 年均为负值，可看出产业发展在节水方面的工作取得了不错的进展。从 2002 年开始，我国正式施行《中华人民共和国水法》，以实现合理开发、利用、节约和保护水资源，防治水害，实现水资源的可持续利用。可见，我国的产业发展在节约用水方面还是很有成效的。

表 3–2 中的投入指标货币化数值从直观上反映了产业绿色化发展的效果是上升还是下降的，接下来可将投入指标的货币化值与实际增加值进行对比，可看出当年的增加值中绿色化部分所占的比重，如图 3–1 所示，纵轴表示的是投入指标货币化值占当年实际增加值的比例（货币化的数值均是负数，这里为了衡量所占绿色化部分的比重，故采用取正的形式展示），来衡量绿色化产出部分占总产出的比例，即产业绿色化的发展效果。

从图 3–1 可以看出与 2000 年相比，2001 年—2017 年产业绿色化的部分占总产出的比重越来越高，即产业绿色化发展的效果越来越好，可以看出我国近些年产业绿色化发展的效果显著，取得了很大的进步。具体来看，GDP 绿色化占比情况可分为三个阶段：第一阶段为 2001 年—2003 年，GDP 绿色化占比呈现出直线上升的趋势。在此阶段中，电耗强度较 2000 年是上升的，而水耗强度较 2000 年均有所下降，能耗强度先下降后上升，综合来看这三年 GDP 绿色化占比上升趋势相近；而在 2004 年，GDP 绿色化占比较 2003 年有所下降，这是基于能源和电力的实际消费量均大于预期消费量，而水的实际消费量小于预期消费量，所以整体货币化数值占比要较 2003 年占比小。

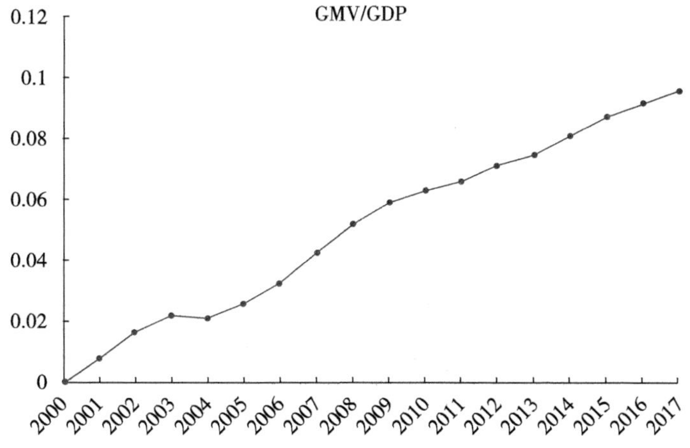

图 3–1　GDP 绿色化占比趋势图

第二阶段为 2004 年—2011 年，GDP 绿色化占比的变化曲线呈现上凸状态，表明从 2004 年—2011 年绿色化占比仍然呈现递增趋势，但是递增趋势出现放缓的状态，不再是直线上升。在此阶段，能耗强度、水耗强度均较 2000 年有所降低，但是降低的幅度呈现逐年减少的情况，故呈现出递增趋势变缓的趋势；第三阶段是 2011 年之后，GDP 绿色化占比重新出现了直线上升的情况。在此阶段，能耗强度、电耗强度降低的幅度出现加大趋势，且每年下降幅度接近，故 GDP 绿色化占比又出现了直线上升的趋势。可以看出，从 2000 年—2017 年，刚开始的两年，能源、电力、水资源投入指标绿色化效应较小，之后随着绿色理念的发展，技术进步等条件的变化，促进了三个投入指标绿色化效应呈现出递增状态，但是由于技术不成熟等原因，绿色化效应出现了增速放缓的状态，而进入 2012 年，随着绿色发展理念的深入人心，技术条件的成熟，三大指标的绿色化效应呈现出稳定的增长态势。

第二节　区域产业绿色化发展的时空变化

本报告基于上一节从投入角度衡量产业绿色化发展的测算方法对全国 30 个省（市、自治区）2004—2017 年[①]的产业绿色化发展效果进行评价，如表

① 不包括我国港澳台地区、西藏地区（因数据缺失）。同时因数据的可获得性，选取 2004 年—2017 年进行分析。

3–3 所示。以 2004 年为基期，表 3–3 展示了 30 个省（市、自治区）2005 年、2010 年、2015 年和 2017 年的产业投入指标货币化的数值。

表 3–3　30 个省（市、自治区）产业绿色化发展效果核算表

GMV_i（亿元）	2004	2005	2010	2015	2017
安徽	0.00	–115.98	–769.28	–2345.77	–3056.29
北京	0.00	–30.38	–325.70	–782.30	–951.946
福建	0.00	–70.96	–923.23	–2432.22	–3138.7
甘肃	0.00	–60.12	–553.00	–1459.34	–1763.24
广东	0.00	–269.72	–2452.13	–5619.71	–7024.66
广西	0.00	–63.57	–1418.52	–3328.51	–4142.57
贵州	0.00	–101.15	–564.61	–1753.18	–2304.35
海南	0.00	–25.47	–201.75	–416.97	–518.692
河北	0.00	–60.47	–1098.24	–3047.92	–3832.29
河南	0.00	–148.31	–1178.72	–3317.88	–4267.11
黑龙江	0.00	–133.55	–784.37	–2114.96	–2614.17
湖北	0.00	–81.92	–1262.13	–3518.53	–4483.55
湖南	0.00	–72.25	–1572.39	–4084.69	–5146.28
吉林	0.00	–119.57	–750.28	–1750.40	–2141.79
江苏	0.00	–211.80	–2584.05	–6248.47	–7742.4
江西	0.00	–84.09	–835.69	–2119.37	–2745.41
辽宁	0.00	–124.70	–1107.92	–2564.65	–2706.35
内蒙古	0.00	–137.28	–1403.92	–3128.93	–3610.45
宁夏	0.00	–17.39	–364.43	–795.26	–998.562
青海	0.00	–7.88	–105.09	–328.38	–462.381
山东	0.00	–56.39	–1431.88	–3721.05	–4908.19
山西	0.00	–22.02	–433.34	–1152.85	–1393.03
陕西	0.00	–22.93	–491.99	–1299.37	–1593.66
上海	0.00	–37.55	–612.68	–1618.47	–1999.62
四川	0.00	–121.89	–1216.44	–3277.93	–4157.09
天津	0.00	–19.50	–305.07	–955.48	–1196.54
新疆	0.00	–166.46	–1515.57	–3320.13	–4545.86
云南	0.00	–12.70	–572.74	–1710.49	–2258.91

续表

GMV_i（亿元）	2004	2005	2010	2015	2017
浙江	0.00	−79.65	−1067.87	−2571.91	−3194.55
重庆	0.00	33.72	−294.97	−1259.68	−1692.61

注：正值（+）代表实际大于预期，说明产业绿色化发展的效果较 2004 年有所下降；负值（−）代表实际小于预期，说明产业绿色化发展的效果较 2004 年有所上升。

从表 3–3 中可以看出，除重庆 2005 年的货币化数值为正（产业绿色化发展的效果是下降的），重庆市在 2005 年的能耗强度大于 2004 年的能耗强度，在能源消耗方面利用率较低，未实现资源的节约利用，故其产业绿色化发展的效果是下降的，但之后这种情况得到了好转，各种资源的利用率得到不断提高，促进了产业绿色化的发展。而其余省（市、自治区）2005 年、2010 年、2015 年和 2017 年的投入指标货币化数值均为负，即产业绿色化发展的效果是上升的。可见以 2004 年为基期来看，30 个省（市、自治区）产业绿色化发展的效果都是向好的，在资源节约、技术升级改造的大环境下，各省（市、自治区）的产业都向着绿色化的方向不断发展，在能源节约、电力资源节约、水资源节约方面都取得了不错的成就。同时，可以预见未来我国整体产业绿色化能得到更好的发展。但是也要注意到，各省（市、自治区）之间的社会经济发展水平、资源禀赋千差万别，各地区促进产业绿色发展的基础条件不同，向产业绿色发展转型的模式、路径以及采取的对策也是不同的。因此，有必要对不同地区采取分类管理方式，挖掘新的绿色化发展的潜力。

具体来看产业绿色化效果的空间分布情况，如图 3–2。将各省（市、自治区）产业增加值中绿色化部分的比例从大到小分为三类，排名前十的标记为深绿色，排名中间十名的为中绿色，排名后十名的为浅绿色，从深绿色到浅绿色分别代表产业绿色化发展的状态情况，颜色越深说明产业增加值中绿色化部分的比例越大，产业绿色化发展的效果较好。图 3–2 展示的是 2005 年—2017 年各省（市、自治区）产业增加值中绿色化部分的比例空间变化图，可以看到各省（市、自治区）的产业绿色化发展的效果呈现出西北部颜色较深，而东中部颜色较浅的布局。中部、东部地区大多处于浅绿色的状态，其 GDP 绿色化占比与西北地区相比较小，包括北京、上海、天津等较为发达的地区。黑龙江省和吉林省在 2005 年产业绿色化发展效果是排名前十的，而在之后的年份排名有所下降，可见东北地区产业绿色化的发展有了一定的退步，可能与自身产业发展、技术水平的状况有关，或是因为其产业绿色化发展的速度慢于其他省份。

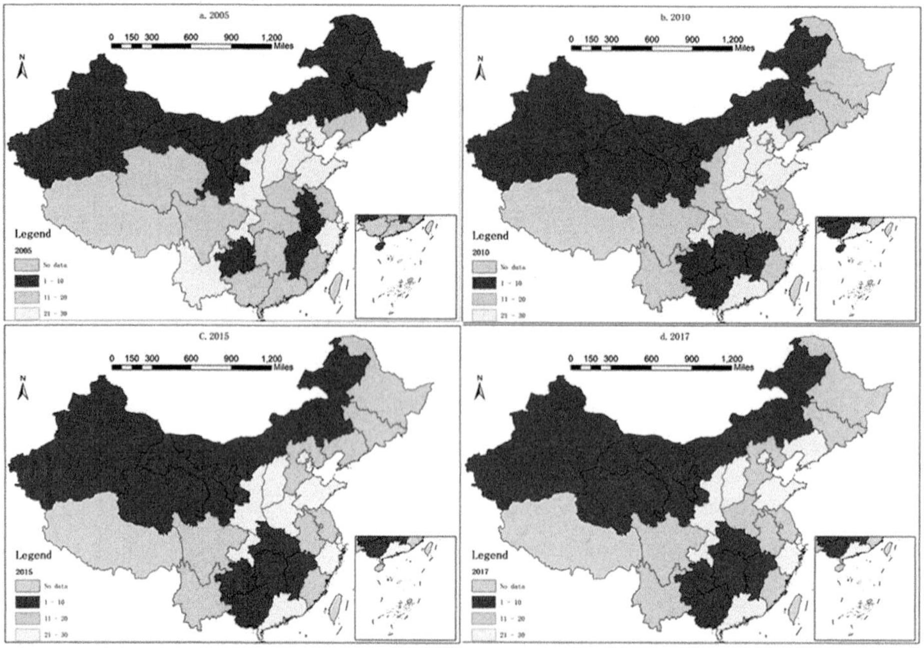

图 3-2　2005 年—2017 年产业绿色化发展效果空间分布情况（从左至右、从上至下、依次为 2005 年、2010 年、2015 年、2017 年）

西部地区的产业绿色化发展效果近些年来较为稳定，而中部地区产业绿色化发展效果的排名则出现了一些反复。对于中东部发展较好的地区，因其产业绿色化发展的初始禀赋条件较好，在其后的发展中与不发达的地区相比更加困难，进步空间也较小，需要着重寻找新的绿色增长点，促进这些发展较好地区的产业绿色化得到可持续的发展。对于南部地区而言，多数处于中绿色的状态，产业绿色化发展较好。对于新疆等不发达地区，近些年在“绿色”思潮的影响下，推进生态、环保等建设，从本身所处技术水平低下到技术水平的提高，其资源利用率有了很大的提高，产业绿色化的发展效果明显。可见，产业绿色化发展的效果与当地的经济发展、政策引导和技术水平等都具有一定联系，而这些都需要进一步的分析。

第三节　产业绿色化发展的影响因素

一、产业绿色化发展分析的模型、数据和指标

本报告采用的实证研究方法主要为面板数据回归分析方法。由于产业绿色化发展的影响因素不能片面的从单因素来考虑，需要将多种影响因素作为一个整体来综合研究和分析。而面板数据是时间序列数据和截面数据的综合，其研究和分析结果较为全面和准确，采用面板数据回归分析方法构建模型，可分析各影响因素与产业绿色化发展之间的关联。具体来说，采用多元回归方法，建立产业绿色化发展货币化数值与各影响因素面板数据的多元回归模型。根据对模型解释变量系数和截距项限制的不同，可将面板数据回归模型分为变系数回归模型、变截距回归模型、混合回归模型等。其中，本报告采用的是混合回归模型，假设解释变量系数和截距项对于所有的研究样本个体都是相同的，即假设模型在个体成员上无个体效应和无结构变化。又因为研究中个体方程可能存在相关性，本研究采用系统方程中的 GLS 估计方法。

在本报告中，采用 GLS 估计法来分析各省（市、自治区）产业绿色化发展的影响因素，找出推动产业绿色化发展的原因，从而分析各个省（市、自治区）在推进产业绿色化发展中应该注意的问题和采用的方法、模式，为促进全国产业绿色化发展提供可参考的建议。通过总结其他学者的研究，可以看到产业绿色化发展的影响因素涉及多个方面，不仅仅与产业结构、产业转型相关，[①]也与经济的发展水平、科技发展水平和政府对于环境的治理具有一定的关系。[②]产业发展作为经济发展的基础，与经济发展息息相关，经济发展的水平会影响到产业绿色化发展的效果，产业绿色化的发展也会影响经济发展的方式。同时，科学技术的投入与提高会提高资源的利用效率和废物的排放，对于产业绿色化的发展也会起到重要的作用。最后，政府对于环境的治理将会在一定程度上影响到产业绿色化发展的方式和进程。故本报告从经济

① 孙艺璇，程钰，张含朔．环渤海地区产业绿色转型时空演变特征与影响因素研究［J］．生态经济，2019，35（12）：44–52+78.

② 张国俊，邓毛颖，姚洋洋，李雄英．广东省产业绿色发展的空间格局及影响因素分析［J］．自然资源学报，2019，34（08）：1593–1605.

水平、城市规模、产业结构、科技水平和环境治理五个方面，① 各选取 1 个代表性指标作为解释变量来进行 GLS 估计分析，如表 3–4 所示：

表 3–4　产业绿色化发展影响因素指标

指标	变量	
产业绿色化发展	被解释变量	Y 货币化数值 / 实际 GDP
经济水平	解释变量	X_1 人均 GDP
城市规模		X_2 城镇化率
产业结构		X_3 第三产业比重
科技水平		X_4 技术市场成交额
环境治理		X_5 环境污染治理投资总额占地区生产总值比重

基于已有研究基础，构建面板数据回归模型如下：

$$gmv_{ij} = \alpha + \beta_1 gdp_{ij} + \beta_2 UR_{ij} + \beta_3 TV_{ij} + \beta_4 TE_{ij} + \beta_5 Epol_{ij} + \epsilon$$

其中，gmv 代表各省（市、自治区）2004 年 ~2017 年产业绿色化货币化数值占实际 GDP 的比值，gdp 代表人均 GDP，UR 代表城镇化率，TV 代表第三产业比重，TE 代表技术市场成交额，Epol 代表环境污染治理投资总额占地区生产总值比重，α、β_1、β_2、β_3、β_4、β_5 为估计系数，i、j 分别各省份和年份对应的数据，ϵ 为随机扰动项。

产业增加值、能源消费量、电力消费量、人均 GDP、城镇化率、第三产业比重数据来源于各省（市、自治区）2005~2018 年统计年鉴、用水量数据来源于各省（市、自治区）2005~2018 年水资源公报。环境污染治理投资总额占地区生产总值比重数据来源于 2005~2018 年中国环境统计年鉴。技术市场成交额来自于中国区域经济数据库。

二、影响产业绿色化的五大因素

可以看到，我国各省（自治区、直辖市）的产业绿色化发展呈现着较大差异，其影响因素的探讨可以找到发展产业绿色化的关键，从而为各地发展产业绿色化提供一些可行性建议。根据所构建模型，利用 stata 软件中的多元

① 田泽，魏翔宇，丁绪辉 . 中国区域产业绿色发展指数评价及影响因素分析［J］. 生态经济，2018，34（11）：103-108.

线性回归分析，结果见表3–5。从产业绿色化发展影响因素回归分析系数表我们可以得到结论。

表 3–5 产业绿色化发展影响因素回归分析系数表

gmv	Coef.	Std. Err.	z	P>z	［95% Conf. Interval］	
gdp	0.003686	0.003978	0.93	0.354	–0.00411	0.011484
UR	–0.08918	0.062059	–1.44	0.151	–0.21081	0.032458
TV	0.349218	0.060099	5.81	0.000	0.231427	0.467009
TE	–0.00819	0.00177	–4.63	0.000	–0.01166	–0.00473
Epol	7.137452	0.609565	11.71	0.000	5.942727	8.332176

从上表结果中可得到：

（1）经济水平与产业绿色化发展呈正相关，说明人均 GDP 对区域产业绿色化发展水平有正向影响。人均 GDP 能够比较客观地反映发展水平和发展程度。经济发展水平的提高能够在技术水平、污染治理投资等方面促进产业绿色化的发展。但是仅依靠经济的增长并不能带动区域产业的绿色化发展，粗放的经济发展模式并不能提高区域产业绿色化发展水平。应关注生态环境的变化，注重经济发展与生态环境保护和谐发展，才能在产业高速发展的进程中提高资源的利用效率、减少环境的污染，提高区域产业绿色化发展水平。但是在本报告中，人均 GDP 与产业绿色化发展的效果呈正比，不显著，这也与前面空间分布图中的结果相一致，北京地区产业绿色化发展效果是浅绿色，而新疆产业绿色化发展效果为深绿色，较不发达的地区反而在产业绿色化发展方面进步很大，更易通过改进资源利用率来提高产业绿色化的水平。

（2）城市规模对区域产业绿色发展水平有负向影响。本报告中采用城镇化率来反映城市的规模，城镇人口比重体现了城镇的集聚效应与城镇化水平。城镇化水平较高，城市规模较大，相应的会带来工业集聚、环境污染等问题，对于产业绿色化也有一定的负面影响。不过在本报告研究中，城镇化率与产业绿色化发展的货币化数值负相关的关系并不显著，所以产业绿色化发展与城镇化率的水平具体关系还有待进一步探究。

（3）第三产业增加值占地区生产总值比重与区域产业绿色化发展水平呈正相关。第三产业增加值占地区生产总值比重越大，意味着服务业占产业发展比重越大，产业结构升级、技术进步以及劳动力素质的不断提升使得资源利用率不断提高，那么产业结构的提升将会有利于区域产业绿色化的发展。因此，要注重调整产业结构，产业升级转型，促进第三产业的发展。

（4）本报告以技术市场成交额来代表科技水平，与区域产业绿色化发展水平呈负相关关系，但是系数仅有 0.008，负向影响较小。可能是由于各省（市、自治区）的差异性，使得地区间产业绿色发展的效果呈现出一定的异质性，从而导致结果出现偏差。科技发展水平越高，通常代表提高产业发展中的资源利用率，提高污染物的治理能力，减少污染物的排放，达到资源节约、保护环境的目的，促进区域产业绿色化发展。

（5）环境污染治理投资总额占地区生产总值比重与区域产业绿色化发展水平呈正相关，且通过变量的显著性检验。可以看到，在一个地区加大对环境污染的治理，提高各类企业的资源利用效率，减少污染物的排放，提高污染物的处理技术，对于该地区的产业绿色化发展具有很明显的促进作用。因此，要注重环境污染的治理，加大投入力度，促进产业绿色化的发展。

第四节　结论与政策建议

对于全国的产业发展而言，从 2000 年—2017 年，大体分为三个阶段：直线上升阶段、凸型发展阶段和缓直线上升阶段，我国产业绿色化发展取得了不错的成绩，产业绿色化发展的效果逐年变好。可见，从 2003 年正式提出建设资源节约型社会之后，我国不仅从生活，还从生产上大力践行资源节约的政策，通过技术进步与升级改造，不断提高资源的利用率，提高生产水平，提高了 GDP 绿色化的占比。尤其在 2012 年，提出将生态文明建设放在突出的位置之后，我国对于生态文明的重视，促进了产业绿色化的发展。产业绿色化发展需要一方面减少能源损耗，另一方面控制工业废弃物及污染物的排放。优化产业结构，控制重工业领域的能源消耗及污染排放，大力推进低能耗、高效率的高新技术产业发展，实现资源和要素配置的公平与效率，改善我国的生态环境，实现可持续发展。

从省际产业绿色化发展的情况来看，各省（市、自治区）从 2004 年—2017 年产业绿色化发展不断向好，在绿色大环境的推动下，各省（市、自治区）在产业绿色化发展方面取得了很大的进步，但是从空间分布图来看，区域之间还是存在差异，部分地区仍需进一步加强产业绿色化的发展。从影响因素的分析来看，经济发展水平、第三产业占比和环境污染治理投资总额占比均与产业绿色化发展呈现正相关关系，可以看出这几大因素的发展会促进产业绿色化的发展，通过技术的提高、环境保护力度的加大、产业结构的调整一定会促进产业向绿色发展。每个省（市、自治区）要因地制宜，强化优势，克服劣势，实现经济发展水平与资源环境的和谐发展。

基于本报告的研究，提出以下政策建议：（1）**继续积极倡导绿色理念，改进产业结构，实现绿色化发展。**需要摒弃高排放、高消耗、高污染的产业模式，优先利用新型清洁能源，引用开发先进技术，加大环境保护投资力度，不断提高资源的利用效率和污染物的处理效率，重视经济发展与生态环境和谐发展，实现经济绿色发展。（2）**因地制宜，促进各省（市、自治区）产业的绿色发展。**从我国的具体情况而言，各省（市、自治区）的资源禀赋不同，经济发展水平不同、技术条件也不同，各地区应该强化地区优势，补足地区劣势，增大政府政策支持力度，实施不同的绿色发展战略，实现区域产业绿色化的不断发展。

第四章　可持续发展的城镇化维度分析：基于夜间灯光数据的城市衰退模型

第一节 城市衰退问题的背景及研究概况①

经济学有一个重要的理论叫“资源诅咒”理论，是指对一个地区的发展而言，丰富的矿产资源并不一定是件好事，而往往成为制约其经济发展的诅咒。目前，中国很多资源型城市悄然面临影响其生死存亡的“城市衰退”问题（即小城市病问题）。以中国东北地区为例，几乎所有的城市都或多或少面临着人口外流、产业萎缩和城市衰退问题，如曾经一度辉煌的石油城大庆、煤炭城阜新等，现在已经矿竭城衰，城市发展无以为继；在西北地区的内蒙古、山西、宁夏、甘肃等省份、自治区的城市中，人口大规模流失与城市活力严重不足也早不是个例。在建设生态文明的过程中，必须要高度重视城市的可持续发展。

一、中国城市衰退的背景及存在的问题

中国很多的城市和地区虽然没有出现显著的大城市病问题，却也已悄然面临影响其生死存亡的另外一个尖锐问题，即“衰退”问题，这是一个非常复杂又综合的亟须关注的研究问题。研究城市可持续发展问题，除研究关注特大型城市病外，更要关注衰退城市、区域的识别、分布、成因及发展问题。对衰退城市的定义和识别是进行衰退城市研究的基础。基于对国内外学者研究成果的分析，本章将衰退城市定义为在特定时间内综合发展程度出现衰减与下降的城市。在此研究框架下，选择不同的研究视角，便可以在特定视角下进行衰退城市或衰退区域的识别和研究。

本章将选择县级行政区划分视角（简称“县级区划”视角），在识别方法下聚焦我国衰退区县的识别与分析。中国行政区域可以分为省级行政区、市级行政区和县级行政区，其中县级行政区为三级行政区，包括市辖区、县

---

① 本研究参考了国家社科基金“基于大数据分析的城市病分类识别与预警优化系统构建研究”（项目编号：19BJL046）的部分研究思路和研究成果 .

级市、县、自治县、旗、自治旗、特区、林区，[①]本文主要针对县级行政区的衰退识别与分析。

研究主要包括衰退区县的识别、分类、影响因素分析等研究内容。（一）围绕中国衰退区县问题，构建中国衰退区县识别方法与分类方法，通过定量研究识别出中国衰退区县并对识别出的衰退区县进行分类。（二）基于不同时间段的衰退区县识别与衰退区县分类，描述中国衰退区县的时空分布规律，进而探索其时空发展规律。（三）构建衰退区县影响因素分析模型，通过实证分析研究其背后的机理与成因，为中国衰退区县的治理、转型提供理论和政策依据。

二、城市衰退问题的研究概况

（一）理论基础

城市发展周期理论。20 世纪以来，受达尔文进化论思想的影响，城市发展周期理论开始兴起，最具代表性的理论是“城市发展阶段理论”。Geddes 首次提出进化论思想适用于探索城市的发展与演进。[②]随后，学术界对城市演进、城市生命周期等研究不断增加。Hall 提出城市的发展为集中城市化、郊区化、逆城市化和再城市化四个阶段，不同阶段的城市人口特征与产业转移特征不同，根据城市中心区与郊区的关系又可分为绝对集中阶段、相对集中阶段、相对分散阶段、绝对分散阶段和流失分散阶段共 5 个阶段[③]，形成了重要的“城市发展阶段理论”。此外，国内外其他学者也对此进行了相关研究。如 Hoyt 提出在城市居住区存在着一定的衰退现象。[④]Hoover 等学者提出城市的生命周期主要有发展、转变、降级、衰退、更新 5 个阶段。[⑤]Forrester 提出“都市动力学模式”，通过构建系统动力学模型来研究城市系统的增长、衰退和波动规律。[⑥]中国学者连玉明根据城市竞争力程度和城市潜组织成长性提出

---

① 来源：中华人民共和国民政部全国行政区划查询平台，网址为 http：//xzqh.mca.gov.cn/map.

② 吴兵，王铮 . 城市生命周期及其理论模型［J］. 地理与地理信息科学，2003（01）：55–58.

③ 郑国 . 城市发展阶段理论研究进展与展望［J］. 城市发展究，2010（02）：83–87.

④ United States. Federal Housing Administration，Hoyt，Homer. The Structure and Growth of Residential Neighborhoods in American Cities［J］. development，1941，19（3）：453–454.

⑤ Demerath N J，Hoover E M，Vernon R，et al. Anatomy of a Metropolis：The Changing Distribution of People and Jobs within the New York Metropolitan Region［J］. American Sociological Review，1962，27（6）：862.

⑥［美］福雷斯特 . 系统工程［M］. 北京：清华大学出版社，1986.

城市形态有三种最基本的演化模式，为成长型城市、停滞型城市、衰退型城市。①综上，城市的衰退是城市发展周期中的重要阶段，在研究城市问题时需要关注对城市衰退问题的研究，城市发展周期理论为本研究提供了理论依据。

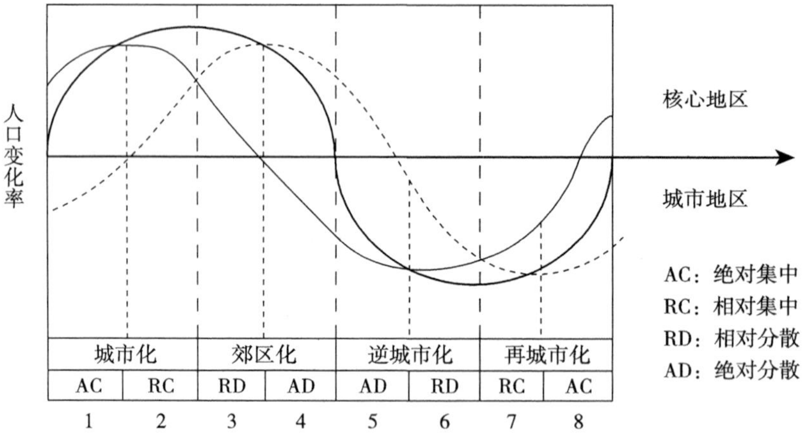

图 4–1　Hall 城市发展周期理论模型

图片来源：徐博．莱比锡和利物浦城市收缩问题研究［D］．吉林大学，2015.

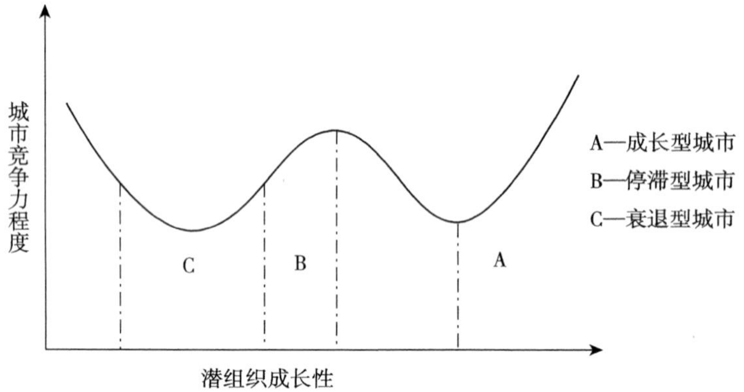

图 4–2　连玉明城市形态演化模式

图片来源：连玉明．中国城市报告 2014［M］．中国时代经济出版社，2014.

人口产业转移理论。人口迁移是指迁出原居住行政区域。②推拉理论认为在拉力、推力、中间障碍三种因素共同影响下会出现人口流动现象。拉力是

① 连玉明．中国城市报告 2014［M］，北京：中国时代经济出版社，2014.

② 张晓青．国际人口迁移理论述评［J］．人口学刊，2001（03）：41–45.

指原居住地的人们受迁入地更高的收入、更好的生活条件、更好的子女教育等因素的拉力影响而进行迁移，推力则是指原住地的不利因素驱动人口向外流动，中间障碍则是语言文化、物质障碍等影响人口流动的障碍性因素。在刘易斯二元经济模型中将经济部门分为传统部门与现代部门，劳动边际效益的高低调节两部门之间的人口流动，最终实现两部门之间无剩余劳动力。“配第克拉克定理”直接指出随着经济综合发展程度的提高，第一产业劳动力减少，第二、第三产业劳动力增加。①综上，人口产业迁移理论在一定程度上解释了劳动力产业迁移规律，即劳动力的产业迁移与城市的发展情况息息相关。人口产业转移理论也说明了二三产业从业人口的增加与减少是衡量城市或区域综合发展与否的重要指标，为后文进行衰退区县识别奠定了理论基础。

增长主义与局限性。近两百年来，增长主义一直是城市发展理论和实践的支撑性理论。城市增长的模式、驱动力、效率、影响因素一直是学术界探索的重点领域。但随着城市的发展，增长主义的局限性逐渐显现出来。城市集聚扩散理论认为人口、产业、资源等各种资源的集聚是城市增长的基本动力，但现在城市的人口流出、产业衰退、资源枯竭等问题越来越突出，城市扩散化现象越来越严重。② 中心地理理论提出可以根据城市提供的商品和服务将城市划分为高级中心地和低级中心地。极化涓滴理论提出经济发达的地区和经济欠发达地区在极化和涓滴两种效应影响下会促进区域整体平衡发展。但在城市发展过程中，高级中心地与低级中心地、经济发达地区与经济欠发达地区的虹吸效应越来越明显。③ 此外，Beauregard 等人的研究证明西方国家认为城市的停滞和衰退是一种非正常现象，并且对城市来说是可耻的。④Pallagst 和 Karina 提出美国已开始关注非增长型城市的复兴，但影响力度仍然不足。⑤Catherine 和 Croix 提出通过新建工程、大型经济活动等方式拉

① Clarke CA. The Conditions of Economic Progress [M]. London: Macmillan, 1957.

② Haase A, Nelle A, Mallach A. Representing urban shrinkage – The importance of discourse as a frame for understanding conditions and policy [J]. Cities, 2017, 69 (sep.): 95–101.

③ 刘和东. 国内市场规模与创新要素集聚的虹吸效应研究 [J]. 科学学与科学技术管理，2013 (07): 104–112.

④ Beauregard, Robert A. Aberrant Cities: Urban Population Loss in the United States, 1820–1930 [J]. Urban Geography, 2003, 24 (8): 672–690.

⑤ Hollander J B, N é meth, Jeremy. The bounds of smart decline: a foundational theory for planning shrinking cities [J]. Housing Policy Debate, 2011, 21 (3): 349–367.

动经济增长会导致城市空心扩张等问题。[①]综上，增长主义无法在根本上解决劳动力流失、城市空间扩张以及城市发展停滞、衰退等问题，甚至会加剧城市问题的蔓延，也证明了城市衰退问题亟需关注和研究。

（二）衰退城市的研究综述

与衰退城市在概念、成因、表现等方面较为相似的是收缩城市，对收缩城市的研究进行分析整理对衰退城市的研究具有一定的指导意义。中国对收缩城市的研究起步较晚，吴康等、刘合林等学者对中国收缩城市研究进行了综述[②, ③]。在收缩城市的定义方面，收缩城市世界研究网络（SCIRN）将收缩城市定义为至少拥有 1 万居民、在特定时间内（一般为两年以上）出现人口流失且正在经历结构变革的城市区域[④]。中国学者周恺、钱芳芳、龙瀛等均采用了这一定义[⑤, ⑥]；在收缩城市的识别与分类方面，SCIRN 和龙瀛等国内学者均将收缩城市看作是人口收缩的概念，根据人口数量的减少来识别收缩城市。联合国人居署在世界城市报告中根据人口绝对数量的变化识别了中国约 50 个正在收缩的城市。龙瀛等使用人口普查数据，根据城市常住人口的减少情况分别在县级尺度上、地级市尺度上识别出了我国的“收缩城市”。吴康等学者也通过常住人口、户籍人口和从业人口等人口数据研究我国长三角、京津冀等区域收缩格局，并构建了“收缩 – 空间扩张”模型，将我国“收缩城市”分为四种类型[⑦]；城市收缩的原因方面，国外学者将城市收缩的原因归于产业结构调整、人力资本调整和资源结构调整三大类。在《Shrinking cities》一书中集合了国外众多学者对收缩城市的研究成果，Oswalt 提出工业区的衰败是城市萎缩的主要特征，产业的合理化尤其是服务业的合理化、人口老龄化、气候变化与化石燃料时代的终结等因素是城市萎缩的重要成因，Prigge 提出工

---

① Lacroix C J. Urban Agriculture and Other Green Uses：Remaking the Shrinking City［J］. Urban Lawyer，2010，42（2）：225–285，

② 吴康，孙东琪 . 城市收缩的研究进展与展望［J］. 经济地理，2017（37）：61–69.

③ 刘合林 . 收缩城市量化计算方法进展［J］. 现代城市研究，2016（02）：23–28.

④ UN Habitat. State of the World's Cities：Harmonious Cities［M］. London：Earthscan. 2010.

⑤ 龙瀛，吴康，王江浩 . 中国收缩城市及其研究框架［J］. 现代城市研究，2015（09）：14–19.

⑥ 周恺，钱芳芳 . 收缩城市：逆增长情景下的城市发展路径研究进展［J］. 现代城市研究，2015（09）：2–13.

⑦ 吴康，龙瀛，杨宇 . 京津冀与长江三角洲的局部收缩：格局、类型与影响因素识别［J］. 现代城市研究，2015（09）：32–41.

业与服务业的重新分配导致了城市发展水平的上升和下降①。

目前，国内外学者对衰退城市问题的研究严重不足，现有研究主要集中在资源型城市、东北老工业城市的衰退问题和收缩城市问题。

在衰退城市的定义方面，目前学界尚未形成统一的定论。加拿大学者雅各布斯较早提出了城市的衰退问题，他认为城市的衰退是城市自我产生的发展停滞甚至毁灭的倾向，是城市活力的下降。②中国学者吴相利认为城市发展过程中的衰退现象是一个综合表现，表现在文化、社会、建筑及经济等方面出现的停滞、倒退和衰减，在与其他城市比较过程中地位的降低也可以称为衰退。③连玉明构建了基于城市竞争力和城市潜成长性的二维城市评价模型，他认为衰退城市是竞争力低、成长性差的城市，是潜组织成长困难、系统越来越衰弱的城市形态。综上，可以看出学者们认为城市衰退是一个综合概念，是在一定时间、一定范围内城市综合发展程度的衰减与下降，这将为本章提出衰退城市的定义和识别方法提供一定的理论依据。

在衰退城市的定量识别方面，国内外研究较少，主要研究为对资源型衰退城市的识别。④余建辉等在识别出全国 262 个资源型城市的基础上，以资源保障能力和可持续发展能力两个指标评价为基础，将全国 262 个资源型城市划分为成长型城市、成熟型城市、衰退型城市、再生型城市四类。⑤在全国范围内识别出“衰退城市”的研究还处于初级阶段⑥, ⑦，这也是本研究将努力尝试的研究内容。

在衰退城市的分类方面，集中在特定类型衰退城市的分类，例如资源型衰退城市和东北老工业衰退城市，对整体衰退城市的分类研究较少。但收缩城市的“收缩 – 空间扩张”分类模型，为构建出衰退城市分类模型提供了方法依据，可以构建“衰退—综合扩张”衰退城市分类模型。对于综合扩张的衡量方法，众多学者已研究了使用夜间灯光数据衡量城市综合扩张程度的可行

---

① Hoekveld. Time–Space Relations and the Differences between shrinkin gregions [J] . Built Environment, 2012, 38 (2) .

② 简・雅各布斯著，金衡山译 . 美国大城市的生与死 [M]，江苏：译林出版社，1992.

③ 吴相利，论城市的衰退与复兴 . 绥化师专学报 [J]，2000 (03)：18–22.

④ 张文忠 . 中国资源型城市可持续发展研究 [M] . 科学出版社，2014.

⑤ 余建辉，李佳洺，张文忠 . 中国资源型城市识别与综合类型划分 [J] . 地理学报，2018，73 (4) .

⑥ 孙振 .2008–2009 年中国经济衰退的拐点识别研究 . 统计与决策，2010 (19)：108–110.

⑦ 余中元，李波，孙特生，等 . 城市衰退的机理与可持续发展实证研究 [J] . 商业经济研究，2011 (04)：139–141.

性，徐康宁等、张超等、刘沁萍等众多学者的研究表明夜间灯光影像表现了城市道路、人口、经济等信息，是能反映城市综合性信息的指标[①,②,③]卓莉、李强、史培军、何春阳等学者论证了夜间灯光数据衡量城市扩张的可行性，并进行了实践分析[④,⑤]。因此，使用夜间灯光数据对衰退城市进行分类是有一定可行性的。

在衰退城市的表现和原因的探讨方面，与收缩城市的原因存在一定的相似性，也存在将二者概念混合使用的情况。“收缩城市”的概念也经常被用来替代“衰退城市”，如 Oswalt、Rieniets、Hoekveld、Wiechmann 等学者把城市收缩理解为城市经济、社会、文化和人口的全面衰减，城市地位的下降也被认为是收缩城市的一种表现[⑥,⑦,⑧]。此外，对城市衰退原因的探讨主要集中在对东北老工业城市衰退原因与资源型城市原因的探讨。雅各布斯提出城市衰退的原因不仅仅是交通、移民和中产阶级，还有着更深层次的原因，与城市运作方式有关。对东北老工业城市衰退的原因，学者们认为是主导产业衰退与体制束缚资源配置，以及人力资本的减少。[⑨]对资源型城市的衰退原因，学术界一致认为资源枯竭与产业结构单一是主要原因[⑩,⑪,⑫]。城市集聚扩散理论认为人口、产业、资源等在城市不断集聚是城市增长的基本动力，当城市人

① 徐康宁，陈丰龙，刘修岩．中国经济增长的真实性：基于全球夜间灯光数据的检验［J］．经济研究，2015（09）：17-29.

② 张超，王春杨，吕永强，等．长江经济带城市体系空间结构——基于夜间灯光数据的研究［J］．城市发展研究，2015（03）：19-27.

③ 刘沁萍，杨永春，付冬暇，等．基于 DMSP_OLS 灯光数据的 1992-2010 年中国城市空间扩张研究［J］．地理科学，2014（02）：129-136.

④ 卓莉，李强，史培军，等．基于夜间灯光数据的中国城市用地扩展类型［J］．地理学报，2006（2）：169-178.

⑤ 何春阳，史培军，李景刚，等．基于 DMSP/OLS 夜间灯光数据和统计数据的中国大陆 20 世纪 90 年代城市化空间过程重建研究［J］．科学通报，2006，51（7）：856.

⑥ Oswalt，Philipp，Rieniets，Tim，Schirmel，Henning. Atlas of shrinking cities［J］. 2006.

⑦ Hoekveld，Josje J. Time-Space Relations and the Differences Between Shrinking Regions［J］. Built Environment，2012，38（2）：179-195.

⑧ Wiechmann T，Pallagst K M. Urban shrinkage in Germany and the USA：A Comparison of Transformation Patterns and Local Strategies［J］. int j urban reg res，2012，36（2）：261-280.

⑨ 高春亮，李善同．人力资本专用锁定性效应与城市衰退：老工业城市转型的症结［J］．经济学家，2018（11）：69-71.

⑩ 赵秀峰．从比较优势探索白银市发展特色经济的新途径，中国国土资源经济，2004（17）：21-24.

⑪ 戈银庆．中国西部资源型城市反锁定安排与接续产业的发展，兰州大学学报（社会科学版），2004（32）：120-123.

⑫ 孙淼，丁四保．我国资源型城市衰退的体制原因分析，经济地理，2005（25）：273-276.

口、产业、资源向外分散时，城市将出现衰退。综上，学者在对城市衰退原因分析时，主要聚焦在资源、产业结构和人力资本三大方面，将为后文进行衰退区县影响因素分析提供了理论和实证依据。

综合以上研究，第一，“收缩城市”与“衰退城市”定义不同，城市的衰退有其深层次的原因，不是单纯的城市人口的减少，而是城市综合发展程度的衰减与下降。第二，衰退城市的识别方法研究目前还处于早期阶段，需要根据衰退城市的定义，借鉴收缩城市的识别方法进行构建。第三，根据人口迁移理论，二三产业从业人口的增加与减少是衡量城市或区域综合发展与否的重要指标，且二三产业从业人口数据的变化涵盖了人口流动、产业变化、经济发展变化等综合信息，能够较好的衡量城市综合发展程度的变化，与衰退城市定义相符合，可以根据二三产业从业人口数量的减少作为识别衰退城市或衰退区县的指标。第四，对衰退城市的分类，目前研究处于早期阶段，但可以借鉴收缩城市“收缩 – 空间扩张”模型构建“衰退—综合扩张”衰退城市的分类模型，使用夜间灯光数据衡量综合扩张程度，以此对衰退城市进行分类是具有一定可行性的。第五，对衰退城市的因素分析主要集中在资源、产业结构与人力资本三大方面有一定可行性。

第二节　衰退区县识别及分类模型构建和数据处理

一、衰退区县识别与分类的模型构建

（一）衰退区县识别模型

在借鉴收缩城市的定义和分析衰退城市与收缩城市区别的基础上，本研究将衰退区县定义为特定时间内综合发展程度出现衰减与下降的区县。

世界研究网络（SCIRN）和龙瀛等学者使用常住人口数量的减少识别收缩城市。在借鉴收缩城市识别方法的基础上，本研究进行了优化，使用能够更好表现城市综合发展程度的二三产业从业人口数据来识别衰退城市。

根据人口迁移理论与配第—克拉克定理，劳动力随着经济增长进行产业迁移，总体表现为第一产业向第二、第三产业迁移，因此二三产业从业人口的增加与减少是衡量城市或区域综合发展与否的重要指标。此外，二三产业

从业人口数据的变化涵盖了人口流动、产业变化、经济发展变化等综合信息，能够较好的衡量城市综合发展程度的变化，与衰退城市定义相符合，可以根据二三产业从业人口数量的减少作为识别衰退城市以及衰退区县的指标。

因此，本章将根据“二三产业从业人员数量变化”数据来识别衰退区县，也就是说在特定时间内二三产业从业人口减少的县级行政区将被识别为衰退区县。

t时间段内，区县i是否为衰退区县的识别公式如下：

$$Emp_{i(n+t)} - Emp_{in} < 0 \quad (2\text{–}1)$$

其中，Emp_{in}为n年区县i的二三产业从业人员数量，$Emp_{i(n+t)}$为$n+t$年区县i的二三产业从业人员数量。

（二）衰退区县分类模型

基于收缩城市的“收缩 – 空间扩张”分类模型，可以构建出基于衰退区县的“衰退—综合扩张”分类模型。众多学者已研究了使用夜间灯光数据衡量城市综合扩张程度的可行性，徐康宁、张超、刘沁萍等众多学者的研究表明夜间灯光影像表现了城市道路、人口、经济等信息，是能反映城市综合性信息的指标，卓莉、李强、史培军、何春阳等学者论证了夜间灯光数据衡量城市扩张的可行性，并进行了实践分析。因此，使用夜间灯光数据对衰退区县进行分类是有一定可行性的。

根据夜间灯光数据，可以将区县的夜间灯光增长分为低增长、中增长和高增长三个级别。区县i是否为低灯光增长级别的识别公式为：

$$Lg_i - (AveLg - 0.2 * StdLg) < 0 \quad (2\text{–}2)$$

区县i是否为中灯光增长级别的识别公式为：

$$Lg_i - (AveLg - 0.2 * StdLg) > 0 \text{ 且 } Lg_i - (AveLg + 0.2 * StdLg) < 0 \quad (2\text{–}3)$$

区县i是否为高灯光增长级别的识别公式为：

$$Lg_i - (AveLg + 0.2 * StdLg) > 0 \quad (2\text{–}4)$$

其中，Lg_i为区县i 在 2001–2016 年间的夜间灯光增长率，$AveLg$为全体样本区县 2001–2016 年间的灯光增长率的平均值，$StdLg$为全体样本 2001–

2016 年间的灯光增长率的标准差。

最后将衰退区县数据与灯光增长的级别数据进行匹配，以此对衰退区县进行分类，将衰退区县分为确定型衰退区县（低灯光增长的衰退区县）、发展停滞型衰退区县（中灯光增长的衰退区县）、空心扩张型衰退区县（高灯光增长的衰退区县）。

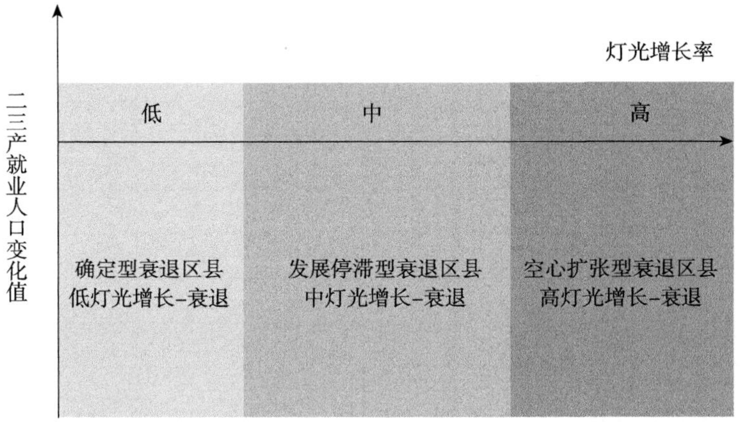

图 4–3 衰退区县分类模型

二、数据处理

（一）就业数据

本章采用的县级行政区二三产业从业人员数据来源于 2001–2016 年《中国县域经济统计年鉴》。由于 2001 年数据统计口径无二三产业从业人员数量，因此本章使用年末单位从业人员数 + 乡村从业人员数 – 农林牧渔从业人口的方式计算 2001 年的二三产业从业人员数量。

直辖市、香港、澳门、台湾和大陆数据缺失的区县不在本次衰退区县的识别范围中。中国大陆境内共 2848 个县级行政区，2001–2016 年时间段中，去除缺失值共可得到 1769 个区县数据，占总县级行政区的 62 %。可得数据分布情况见表 4–1。

表 4-1 1769 个区县可得数据

区域	省份	可得数据区县数量（个）	区域	省份	可得数据区县数量（个）
东部	河北	125	西部	内蒙古	68
	江苏	57		广西	63
	浙江	59		四川	130
	福建	57		贵州	62
	广东	74		云南	85
	海南	12		陕西	82
	山东	89		甘肃	63
中部	山西	90		青海	31
	安徽	42		宁夏	13
	江西	78		新疆	74
	河南	103		西藏	35
	湖北	60	东北	辽宁	34
	湖南	81		吉林	38
				黑龙江	64

（二）灯光数据

本章使用夜间灯光数据进行衰退区县分类。目前，在全球范围可以获得的夜光遥感影像有两类：一类是美国军事气象卫星计划（DMSP）搭载的线性扫描业务系统（OLS）发布的1992–2013年的DMSP/OLS年平均夜光遥感影像，其空间分辨率为1km；另一类是基于极地环境业务卫星（S–NPP）搭载的可见红外成像辐射仪（VIIRS）发布的2012年至今的NPP/VIIRS月平均夜光遥感影像，其空间分辨率为500m，对小尺度地表照明分布的刻画要更为准确。夜间灯光影像能反映城市和区域综合性表现，NPP–VIIRS在模拟社会经济参量上具有优势，但是NPP–VIIRS源数据历史影像数据相对贫乏，因此，在本研究中将同时使用两种数据，并进行统一化处理。

本章对夜间灯光数据进行了提取与校正。首先，对1992–2013年DMSP/OLS和2012–2018年NPP–VIIRS夜间灯光影像进行数据提取和校正，得到1992–2013年DMSP/OLS和2012–2018年NPP–VIIRS的中国县级尺度夜间灯光数据，然后根据2012年、2013年有交叉部分的DMSP/OLS、NPP–VIIRS数据，得到二者转化系数，将 NPP-VIIRS 数据转化成 DMSP/OLS 数据值，使得二者可以比较。数据校正过程见图 4-5。

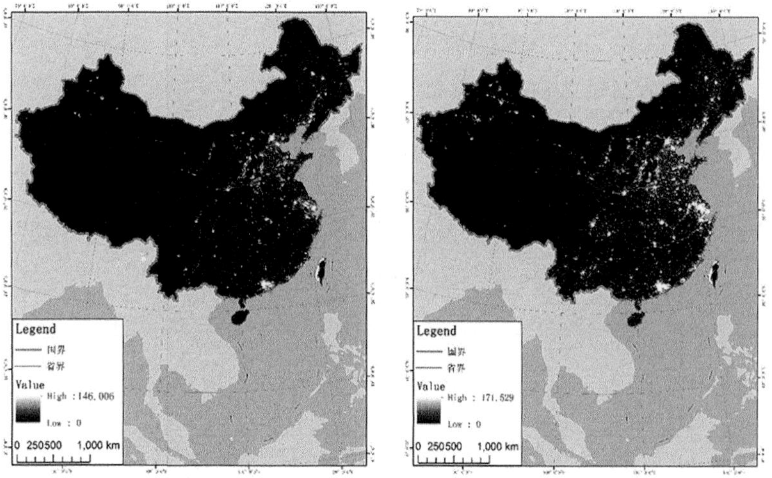

图 4-4　2001 年和 2011 十年间中国 DMSP/OLS 夜间灯光亮度图

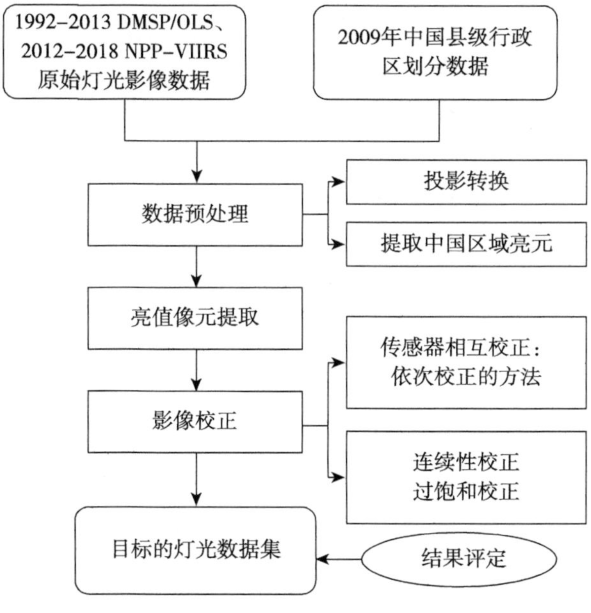

图 4-5　夜间灯光数据的提取与校正流程

1992–2013 年 DMSP/OLS 数据校正方式如下：首先，将所有年份全球影像裁剪为中国区域，变换坐标系并重采样为 1000m，裁剪影像，分别得到每一年及不同传感器不变区域的影像。接下来，栅格转点得到所有年份的表格数据。继而，构建回归模型，得到不同年份的校正公式和 R^2。最后，根据校正系数进行年际相互校正。

2012–2018 年 NPP–VIIRS 数据校正方式如下：首先，进行年度合成、投影及裁剪，获取稳定亮值区域，按不变区域稳定校正。其次，将得到的 2016 年二值化结果与其他年份相乘，即得到稳定区域的灯光数据。对其他年份按不变区域进行稳定性校正，异常值剔除，负值归 0。第三，进行连续性校正，以官方发布的 2015 年和 2016 年数据为基础，对其他年份做连续校正。第四，裁剪得到所需研究区域，利用 2009 年县级行政区划数据 shp 和校正结果，使用掩膜分析工具进行裁剪，得到县级区划尺度的 2012–2018 年 NPP–VIIRS 灯光影像数据。

第三节　中国衰退区县识别、分类及时空变化

一、2001–2016 年中国衰退区县识别结果

本章首先对 2001–2016 年的数据进行匹配，剔除缺失值、直辖市数据以及港澳台数据后，共得到 1769 个区县二三产业从业人口数据。在得到的 1769 个区县数据中，共识别出 262 个衰退区县，262 个衰退区县情况见表 4–2。

表 4–2　2001–2016 年 262 个衰退区县

省份	数量（个）	具体区县
河北	3	灵寿县、抚宁区、沽源县
山西	32	广灵县、左云县、大同县、盂县、长治县、襄垣县、黎城县、武乡县、潞城市、阳城县、榆社县、左权县、和顺县、昔阳县、寿阳县、太谷县、灵石县、介休市、绛县、河津市、五台县、代县、宁武县、神池县、偏关县、原平市、襄汾县、离石区、方山县、交口县、孝义市、汾阳市
内蒙古	7	阿鲁科尔沁旗、巴林右旗、林西县、商都县、兴和县、凉城县、太仆寺旗
辽宁	9	康平县、普兰店区、抚顺县、凌海市、辽阳县、灯塔市、大洼区、盘山县、北票市
吉林	6	梨树县、双辽市、通榆县、大安市、龙井市、安图县
黑龙江	27	阿城区、方正县、巴彦县、延寿县、鸡东县、虎林市、绥滨县、宝清县、饶河县、肇州县、肇源县、林甸县、嘉荫县、铁力市、桦南县、桦川县、汤原县、勃利县、绥芬河市、逊克县、望奎县、绥棱县、安达市、肇东市、呼玛县、塔河县、漠河县

续表

省份	数量（个）	具体区县
浙江	4	开化县、天台县、仙居县、景宁畲族自治县
安徽	7	繁昌县、怀远县、五河县、固镇县、岳西县、桐城市、舒城县
福建	4	长乐市、泰宁县、云霄县、周宁县
江西	2	定南县、德兴市
山东	3	商河县、安丘市、乳山市
河南	27	新郑市、登封市、杞县、通许县、尉氏县、宝丰县、叶县、鲁山县、郏县、舞钢市、汤阴县、林州市、浚县、淇县、博爱县、温县、南乐县、郾城区、舞阳县、临颍县、义马市、南召县、方城县、淅川县、社旗县、唐河县、罗山县
湖北	12	郧西县、房县、远安县、秭归县、谷城县、宜城市、公安县、监利县、江陵县、石首市、洪湖市、松滋市
湖南	3	石门县、新田县、辰溪县
广东	16	潮阳区、台山市、徐闻县、吴川市、高州市、广宁县、怀集县、封开县、德庆县、梅县区、龙川县、和平县、东源县、阳山县、揭东区、云安区
广西	16	邕宁区、马山县、上林县、鹿寨县、灵川县、兴安县、永福县、苍梧县、上思县、德保县、那坡县、南丹县、天峨县、凤山县、合山市、扶绥县
海南	4	琼海市、文昌市、白沙黎族自治县、昌江黎族自治县
四川	1	安岳县
贵州	8	开阳县、绥阳县、正安县、都匀市、独山县、平塘县、长顺县、惠水县
云南	11	通海县、水富县、永胜县、华坪县、凤庆县、云县、永德县、镇康县、弥勒市、景洪市、勐腊县
西藏	9	林周县、亚东县、左贡县、朗县、乃东区、扎囊县、洛扎县、安多县、日土县
陕西	12	高陵区、太白县、永寿县、武功县、大荔县、合阳县、延长县、延川县、甘泉县、宜川县、黄龙县、洋县
甘肃	12	皋兰县、灵台县、庄浪县、西峰区、华池县、宁县、漳县、临夏市、和政县、合作市、卓尼县、迭部县
青海	8	湟中县、海晏县、尖扎县、共和县、玉树市、格尔木市、乌兰县、都兰县
宁夏	2	永宁县、隆德县
新疆	17	鄯善县、温泉县、温宿县、柯坪县、疏附县、疏勒县、巴楚县、和田县、洛浦县、民丰县、奎屯市、塔城市、额敏县、裕民县、阿勒泰市、富蕴县、青河县

在262个衰退区县中，衰退区县占比最高的5个省份分别为黑龙江省、山西省、海南省、辽宁省和河南省，衰退区县占比分别为42.19%、35.56%、33.33%、26.47%、26.21%。衰退区县占比最低的5个省份分别为山东、江西、

河北、四川、江苏，衰退区县占比分别为 3.37%、2.56%、2.40%、0.77%、0.00%。

分区域来看，东部地区区县衰退程度较弱，而东北地区区县衰退程度较为严重。东部地区平均衰退率为 10.65%，中部地区平均衰退率为 17.45%，西部地区平均衰退率为 16.90%，而东北地区平均衰退率高达 28.15%。

表 4–3　分省份衰退区县数量表

区域	省份	可得数据区县数量（个）	衰退区县	
			数量（个）	占比
东部	河北	125	3	2.40%
	江苏	57	0	0.00%
	浙江	59	4	6.78%
	福建	57	4	7.02%
	广东	74	16	21.62%
	海南	12	4	33.33%
	山东	89	3	3.37%
中部	山西	90	32	35.56%
	安徽	42	7	16.67%
	江西	78	2	2.56%
	河南	103	27	26.21%
	湖北	60	12	20.00%
	湖南	81	3	3.70%
西部	内蒙古	68	7	10.29%
	广西	63	16	25.40%
	四川	130	1	0.77%
	贵州	62	8	12.90%
	云南	85	11	12.94%
	陕西	82	12	14.63%
	甘肃	63	12	19.05%
	青海	31	8	25.81%
	宁夏	13	2	15.38%
	新疆	74	17	22.97%
	西藏	35	9	25.71%
东北	辽宁	34	9	26.47%
	吉林	38	6	15.79%
	黑龙江	64	27	42.19%

二、基于灯光数据的衰退区县分类

根据夜间灯光增长数据可以将识别出的 262 个衰退区县分成三个类型，其中，确定型衰退区县（低灯光增长的衰退区县）70 个、发展停滞型衰退区县（中灯光增长的衰退区县）153 个、空心扩张型衰退区县（高灯光增长的衰退区县）39 个，具体情况见图 4–6 和表 4–4。

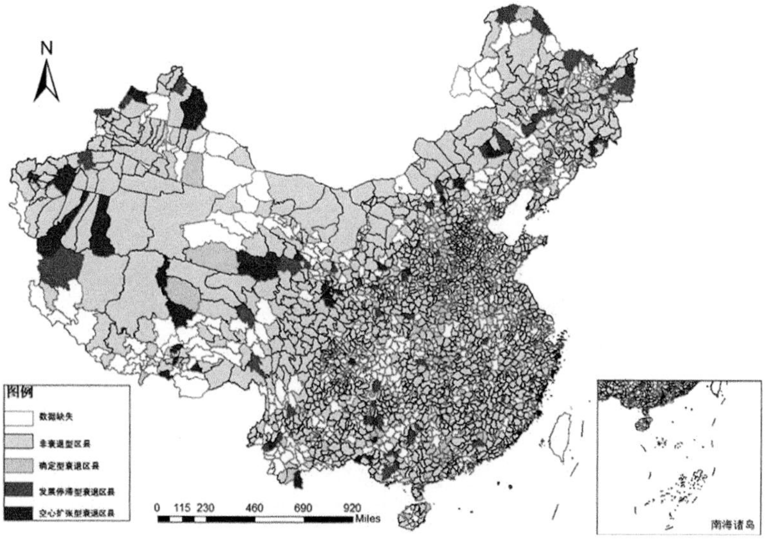

图 4–6　2001–2016 中国衰退区县的类型及分布

表 4–4　153 个确定型衰退区县清单

省份	数量（个）	具体区县
河北	2	灵寿县、抚宁区
山西	29	左云县、大同县、盂县、长治县、襄垣县、黎城县、武乡县、潞城市、阳城县、左权县、和顺县、昔阳县、寿阳县、太谷县、灵石县、介休市、绛县、河津市、五台县、代县、宁武县、神池县、偏关县、原平市、襄汾县、离石区、交口县、孝义市、汾阳市
辽宁	9	康平县、普兰店区、抚顺县、凌海市、辽阳县、灯塔市、大洼区、盘山县、北票市
吉林	2	梨树县、双辽市
黑龙江	13	阿城区、方正县、巴彦县、延寿县、鸡东县、铁力市、桦南县、汤原县、绥芬河市、绥棱县、安达市、肇东市、塔河县

续表

省份	数量（个）	具体区县
浙江	3	开化县、天台县、仙居县
安徽	5	怀远县、五河县、固镇县、桐城市、舒城县
福建	2	长乐市、云霄县
江西	2	定南县、德兴市
山东	3	商河县、安丘市、乳山市
河南	27	新郑市、登封市、杞县、通许县、尉氏县、宝丰县、叶县、鲁山县、郏县、舞钢市、汤阴县、林州市、浚县、淇县、博爱县、温县、南乐县、郾城区、舞阳县、临颍县、义马市、南召县、方城县、淅川县、社旗县、唐河县、罗山县
湖北	10	房县、远安县、秭归县、谷城县、宜城市、公安县、监利县、石首市、洪湖市、松滋市
湖南	1	辰溪县
广东	15	潮阳区、台山市、徐闻县、吴川市、高州市、广宁县、怀集县、封开县、德庆县、梅县区、龙川县、和平县、阳山县、揭东区、云安区
广西	5	兴安县、苍梧县、南丹县、天峨县、合山市
海南	4	琼海市、文昌市、白沙黎族自治县、昌江黎族自治县
云南	5	通海县、华坪县、云县、弥勒市、景洪市
西藏	2	亚东县、乃东区
陕西	9	高陵区、太白县、永寿县、武功县、大荔县、合阳县、延长县、延川县、甘泉县
甘肃	1	宁县
青海	2	尖扎县、格尔木市
新疆	2	鄯善县、奎屯市

确定型衰退区县是二三产业从业人口减少、夜间灯光亮度增长率显著低于平均水平的区县。确定型衰退区县的主要表现有：（1）产业结构单一，且主导产业发展停滞、衰退。山西省 29 个确定型衰退区县主要为资源型区县，主导产业为煤炭产业，在煤炭资源枯竭的现状下，均面临着资源诅咒的挑战。（2）现有刺激措施效率低下。确定型衰退的区县是系统性的衰退，新建项目、大型经济活动等现行增长刺激手段已难以显现成果，积重难返的情况需要长时间的调整和改革。

表 4–5 70 个发展停滞型衰退区县清单

省份	数量（个）	具体区县
山西	3	广灵县、榆社县、方山县
内蒙古	4	阿鲁科尔沁旗、林西县、商都县、凉城县
吉林	3	通榆县、大安市、龙井市
黑龙江	13	虎林市、绥滨县、宝清县、肇州县、肇源县、林甸县、嘉荫县、桦川县、勃利县、逊克县、望奎县、呼玛县、漠河县
浙江	1	景宁畲族自治县
安徽	2	繁昌县、岳西县
福建	2	泰宁县、周宁县
湖北	2	郧西县、江陵县
湖南	2	石门县、新田县
广东	1	东源县
广西	8	邕宁区、马山县、上林县、鹿寨县、灵川县、永福县、上思县、扶绥县
贵州	6	开阳县、绥阳县、正安县、都匀市、独山县、惠水县
云南	4	水富县、永胜县、凤庆县、镇康县
西藏	2	左贡县、日土县
陕西	2	黄龙县、洋县
甘肃	6	皋兰县、灵台县、庄浪县、西峰区、临夏市、和政县
青海	3	湟中县、共和县、玉树市
宁夏	2	永宁县、隆德县
新疆	4	温泉县、温宿县、裕民县、阿勒泰市

发展停滞型衰退区县为二三产业从业人口减少、夜间灯光亮度增长率处于平均水平的区县。发展停滞型衰退区县的主要表现有：（1）产业结构升级缓慢或多元产业结构，对主导产业依赖度低于确定型衰退区县。如山西省广灵县，主要依靠农业和采矿业，产业结构升级缓慢，在 2010 年被评为“国家首批绿色能源示范县”后，采矿业绿色化开始缓慢升级。（2）依靠刺激措施实现缓慢增长。发展停滞型衰退区县对新建项目、大型经济活动等现行增长刺激手段较为敏感，在经济刺激手段的推动下，这类区县可以实现夜间灯光亮度增长率在平均水平。

表 4-6　39 个空心扩张型衰退区县清单

省份	数量（个）	具体区县
河北	1	沽源县
内蒙古	3	巴林右旗、兴和县、太仆寺旗
吉林	1	安图县
黑龙江	1	饶河县
广西	3	德保县、那坡县、凤山县
四川	1	安岳县
贵州	2	平塘县、长顺县
云南	2	永德县、勐腊县
西藏	5	林周县、朗县、扎囊县、洛扎县、安多县
陕西	1	宜川县
甘肃	5	华池县、漳县、合作市、卓尼县、迭部县
青海	3	海晏县、乌兰县、都兰县
新疆	11	柯坪县、疏附县、疏勒县、巴楚县、和田县、洛浦县、民丰县、塔城市、额敏县、富蕴县、青河县

空心扩张型衰退区县为二三产业从业人口减少、夜间灯光亮度增长率显著高于平均水平的区县。空心扩张型衰退区县的主要表现有：（1）空心化。新区建设速度过快，但人口、产业等要素聚集较慢。大量新建建筑使用效率低下，在灯光亮度上具有一定推动作用，但对区县综合竞争力影响较小。在空心扩张型衰退区县中，新建项目对区县增长的推动作用较小，且新增项目的经济效率低下。（2）房地产行业开发过度。空心扩张型衰退区县在一定程度上依赖土地财政，房地产开发过度，城郊兴起住宅建设，住宅的空置率较高，过度开发房地产对区县经济增长的长期影响有限。

从分省份数量数据来看，发展停滞型衰退区县中，数量较多的省份是黑龙江、广西、贵州、甘肃，分别为 13 个、8 个、6 个、6 个。河北、江苏、海南、山东、江西、河南、四川、辽宁等 8 个省份无发展停滞型衰退区县。空心扩张型区县中，数量较多的省份有新疆、西藏、甘肃，分别为 11 个、5 个、5 个。确定型衰退区县中，数量较多的省份为山西、河南、广东、新疆和湖北，数量分别为 29 个、27 个、15 个、11 个、10 个。江苏、内蒙古、四川、贵州、宁夏等 5 个省份无确定型衰退区县。

表 4-7　分省份各类衰退区县数量表

区域	省份	非扩张型衰退（个）	空心扩张型衰退（个）	确定型衰退（个）	合计（个）
东部	河北		1	2	3
	江苏				0
	浙江	1		3	4
	福建	2		2	4
	广东	1		15	16
	海南			4	4
	山东			3	3
中部	山西	3		29	32
	安徽	2		5	7
	江西			2	2
	河南			27	27
	湖北	2		10	12
	湖南	2		1	3
西部	内蒙古	4	3		7
	广西	8	3	5	16
	四川		1		1
	贵州	6	2		8
	云南	4	2	5	11
	陕西	2	1	9	12
	甘肃	6	5	1	12
	青海	3	3	2	8
	宁夏	2			2
	新疆	4	11	2	17
	西藏	2	5	2	9
东北	辽宁			9	9
	吉林	3	1	2	6
	黑龙江	13	1	13	27

从省内占比数据来看，发展停滞型衰退区县占比较高的省份是宁夏、贵州、湖南、内蒙古、福建、广西、甘肃、吉林，分别为100%、75%、66.67%、57.14%、50%、50%、50%、50%。除河北、江苏、海南、山东、江西、河南、四川、辽宁等8个无发展停滞型衰退区县的省份外，广东、山西、湖北、山西省内占比较低，分别为6.25%，9.38%、16.67%、16.67%。空心扩张型衰退区县占比较高的省份是四川、新疆、西藏，分别为100%、66.71%、

55.56%。除江西、宁夏、辽宁等3个无空心扩张型衰退区县的省份外，黑龙江、陕西、吉林、云南、广西省内占比较低，分别为3.70%，8.33%、16.67%、18.18%、18.75%。海南、山东、江西、河南、辽宁确定型衰退区县占比为100%，除江苏、内蒙古、四川、贵州、宁夏等5个无确定型衰退区县的省份外，甘肃、新疆、西藏、青海省内占比较低，分别为8.33%，11.76%、22.22%、25%。

表4–8　分省份各类衰退区县省内占比

区域	省份	非扩张型衰退	空心扩张型衰退	确定型衰退
东部	河北		33.33%	66.67%
	江苏			
	浙江	25.00%		75.00%
	福建	50.00%		50.00%
	广东	6.25%		93.75%
	海南			100.00%
	山东			100.00%
中部	山西	9.38%		90.63%
	安徽	28.57%		71.43%
	江西			100.00%
	河南			100.00%
	湖北	16.67%		83.33%
	湖南	66.67%		33.33%
西部	内蒙古	57.14%	42.86%	
	广西	50.00%	18.75%	31.25%
	四川		100.00%	
	贵州	75.00%	25.00%	
	云南	36.36%	18.18%	45.45%
	陕西	16.67%	8.33%	75.00%
	甘肃	50.00%	41.67%	8.33%
	青海	37.50%	37.50%	25.00%
	宁夏	100.00%		
	新疆	23.53%	64.71%	11.76%
	西藏	22.22%	55.56%	22.22%
东北	辽宁			100.00%
	吉林	50.00%	16.67%	33.33%
	黑龙江	48.15%	3.70%	48.15%

从国内占比数据来看，发展停滞型衰退区县和空心扩张型衰退区县主要分布在西部地区，确定型衰退区县主要分布在中部地区。西部地区发展停滞型衰退区县占比为58.57%，空心扩张型衰退区县占比高达92.31%，中部地区确定型衰退区县占比为50.33%。

表4-9　分省份分区域各类衰退区县全国占比

区域	省份	非扩张型衰退	空心扩张型衰退	确定型衰退
东部	河北		2.56%	1.31%
	江苏			
	浙江	1.43%		1.96%
	福建	2.86%		1.31%
	广东	1.43%		9.80%
	海南			2.61%
	小计	5.71%	2.56%	16.99%
中部	山东			1.96%
	山西	4.29%		18.95%
	安徽	2.86%		3.27%
	江西			1.31%
	河南			17.65%
	湖北	2.86%		6.54%
	湖南	2.86%		0.65%
	小计	12.86%	0.00%	50.33%
西部	内蒙古	5.71%	7.69%	
	广西	11.43%	7.69%	3.27%
	四川		2.56%	
	贵州	8.57%	5.13%	
	云南	5.71%	5.13%	3.27%
	陕西	2.86%	2.56%	5.88%
	甘肃	8.57%	12.82%	0.65%
	青海	4.29%	7.69%	1.31%
	宁夏	2.86%		
	新疆	5.71%	28.21%	1.31%
	西藏	2.86%	12.82%	1.31%
	小计	58.57%	92.31%	16.99%

续表

区域	省份	非扩张型衰退	空心扩张型衰退	确定型衰退
东北	辽宁			5.88%
	吉林	4.29%	2.56%	1.31%
	黑龙江	18.57%	2.56%	8.50%
	小计	22.86%	5.13%	15.69%

三、中国衰退区县的时空变化

为了探究 2001 年至 2016 年衰退区县的时间与空间变化，本章将 2001–2016 长达 16 年的时间区间划分为 2001–2006 年，2006–2011 年，2011–2016 年三个时间段进行识别与分析。

在可得数据方面，分别查找 2001 年、2006 年、2011 年和 2016 年的二三产业从业人口数据，剔除港澳台地区、直辖市数据与空值数据后，共得到 1538 个区县数据。基于得到的 1538 个区县数据，进行了衰退区县分段识别，衰退区县分段识别的结果见表 4–10。

表 4–10　分省份不同时段衰退区县数量表

区域	省份	2001–2006 年	2006–2011 年	2011–2016 年	区域	省份	2001–2006 年	2006–2011 年	2011–2016 年
东部	河北	19	13	14	西部	内蒙古	17	22	13
	江苏	1	5	8		广西	–	–	–
	浙江	2	2	21		四川	10	15	16
	福建	4	2	4		贵州	3	15	29
	广东	4	16	41		云南	10	4	50
	海南	–	–	–		陕西	8	8	54
	山东	6	11	18		甘肃	5	6	40
中部	山西	–	–	–		青海	9	3	23
	安徽	2	20	12		宁夏	1	2	8
	江西	12	75	2		新疆	22	9	33
	河南		23	39		西藏	21	6	26
	湖北	6	19	18	东北	辽宁	1	3	24
	湖南	10	11	26		吉林	19	7	7
						黑龙江	23	11	34

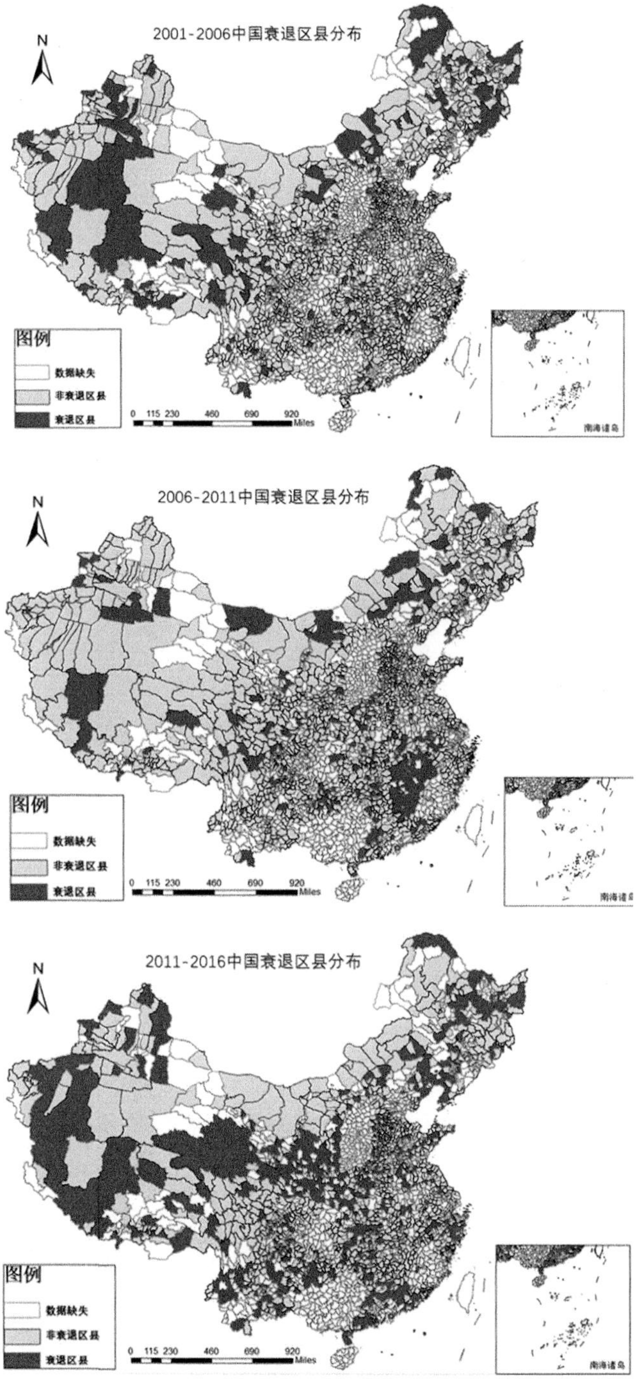

图 4–7　不同时段中国衰退区县识别及分布

根据分段识别结果，可以得出以下结论：

第一，部分区县已经连续 15 年存在显著的衰退现象，转型刻不容缓。3 个时间段均为衰退的区县共 8 个，其中包括内蒙古林西县和太仆寺旗、黑龙江省虎林县和塔河县、吉林省安图县、广东省广宁县、云南省景洪市、西藏自治区林周县。

表 4–11　3 个时段均衰退的 8 个区县

所属省	所属地级市	区县
内蒙古自治区	赤峰市	林西县
内蒙古自治区	锡林郭勒盟	太仆寺旗
黑龙江省	鸡西市	虎林市
黑龙江省	大兴安岭地区	塔河县
吉林省	延边朝鲜族自治州	安图县
广东省	肇庆市	广宁县
云南省	西双版纳傣族自治州	景洪市
西藏自治区	拉萨市	林周县

第二，衰退区县近年来出现数量扩张的态势，且扩张比例增长剧烈。2001–2006 年识别出 215 个衰退区县，衰退区县占比 13.98%。2006–2011 年识别出 308 个衰退区县，衰退区县占比 20.03%。2011–2016 年识别出 560 个衰退区县，衰退区县占比 36.41%。其中，428 个区县在 2016–2011 时段衰退，在 2001–2006 年、2006–2011 年时间段不衰退，衰退区县数量和占比呈扩大化趋势。

第三，区县衰退情况呈现出显著区域差异，东北地区和西部地区衰退程度较高。东北地区和西部衰退型区县占比最高，中部次之，东部较好。2011–2016 年，全国共 9 个省份衰退区县占比超过 50%，其中，东北和西部有 8 个省衰退区县占比超过 50%。

第四，区域内部出现一定的差异性，部分省份表现与区域平均状况差距较大。东部省份中，福建省在 3 个时间段内的衰退区县占比较为稳定，而其他东部省份均出现衰退区县占比逐年扩大的现象，广东省在 2011–2016 年时间段衰退区县占比达 67.12%，是东部唯一一个衰退区县占比超过 50% 的省份，说明广东省的大城市及其发达区域虹吸效应显著高于东部其他省份，且呈现越来越集中的趋势。在东北三省中，吉林省衰退区县占比表现出降低的特征，而辽宁与黑龙江的衰退区县占比呈扩大化趋势，这也在一定程度上说明，在东北三省中，吉林有望率先实现转型。

表 4–12　分省份不同时段衰退区县省内占比表

区域	省份	2001–2006 年	2006–2011 年	2011–2016 年	区域	省份	2001–2006 年	2006–2011 年	2011–2016 年
东部	河北	15.57%	10.66%	11.48%	西部	内蒙古	26.98%	34.92%	20.63%
	江苏	1.92%	9.62%	15.38%		广西			
	浙江	3.57%	3.57%	37.50%		四川	7.75%	11.63%	12.40%
	福建	20.00%	10.00%	20.00%		贵州	4.84%	24.19%	46.77%
	广东	6.56%	26.23%	67.21%		云南	12.20%	4.88%	60.98%
	海南					陕西	10.00%	10.00%	67.50%
	山东	6.82%	12.50%	20.45%		甘肃	8.33%	10.00%	66.67%
中部	山西					青海	29.03%	9.68%	74.19%
	安徽	4.76%	47.62%	28.57%		宁夏	7.69%	15.38%	61.54%
	江西	15.58%	97.40%	2.60%		新疆	30.14%	12.33%	45.21%
	河南	0.00%	23.00%	39.00%		西藏	40.38%	11.54%	50.00%
	湖北	10.00%	31.67%	30.00%	东北	辽宁	2.94%	8.82%	70.59%
	湖南	12.35%	13.58%	32.10%		吉林	51.35%	18.92%	18.92%
						黑龙江	37.10%	17.74%	54.84%

此外，数据显示，2006–2016 年时间段内，部分早期衰退型区县出现成功转型的趋势。118 个区县仅在 2001–2006 年时间段为衰退区县，而在 2006–2011 年和 2011–2016 年时间段不是衰退区县，这 118 个区县在 2006–2016 年出现了成功转型的趋势，在今后的研究中将重点分析 118 个区县出现转型趋势的原因和机理。

表 4–13　118 个仅在 2001–2006 年衰退的区县

所属省份	数量（个）	具体区县
河北省	15	平山县、昌黎县、卢龙县、乐亭县、威县、南宫市、沙河市、望都县、顺平县、张北县、尚义县、阳原县、万全区、涿鹿县、兴隆县
吉林省	14	公主岭市、柳河县、集安市、抚松县、靖宇县、临江市、长岭县、镇赉县、洮南市、延吉市、图们市、敦化市、和龙市、汪清县

续表

所属省份	数量（个）	具体区县
黑龙江省	12	巴彦县、尚志市、依安县、密山市、萝北县、绥滨县、同江市、富锦市、抚远市、海林市、穆棱市、北安市
浙江省	2	文成县、嵊泗县
福建省	3	云霄县、东山县、政和县
山东省	4	栖霞市、寿光市、兖州区、沾化区
湖北省	1	沙洋县
湖南省	7	耒阳市、武冈市、安化县、会同县、双峰县、冷水江市、花垣县
广东省	1	罗定市
云南省	6	晋宁县、禄丰县、个旧市、开远市、建水县、洱源县
西藏自治区	10	堆龙德庆区、南木林县、芒康县、米林县、乃东区、扎囊县、措美县、洛扎县、隆子县、安多县
陕西省	3	泾阳县、华阴市、吴堡县
甘肃省	4	高台县、玉门市、永靖县、和政县
青海省	2	甘德县、称多县
新疆维吾尔自治区	10	且末县、和静县、阿合奇县、乌恰县、疏附县、泽普县、岳普湖县、乌苏市、沙湾县、托里县
宁夏回族自治区	1	隆德县
内蒙古自治区	13	巴林左旗、库伦旗、鄂托克前旗、乌审旗、伊金霍洛旗、鄂伦春自治旗、牙克石市、卓资县、四子王旗、丰镇市、阿巴嘎旗、苏尼特右旗、正镶白旗
江苏省	1	泗阳县
四川省	7	青川县、黑水县、泸定县、道孚县、炉霍县、德格县、石渠县
贵州省	2	绥阳县、正安县

第四节　区县衰退的影响因素

一、模型构建

探索衰退区县的影响因素至关重要，对分析衰退区县形成的原因、机理以及衰退区县的治理方式、政策制定等方面有着重要作用。因而，本章将在2001–2016年间县级区划尺度上进行我国衰退区县的影响因素分析。

本章将 2001–2016 年的区县数据分为衰退区县和非衰退区县，是一个典型的二分类变量。考虑到离散被解释变量的特点，通常不适合做 OLS 回归，因此在模型选择上，需要选择二值选择模型。主要的二值选择模型有 Probit 回归模型和 Logistic 回归模型（简称“logit 回归”）。Logit 回归模型具有分布函数表达式清晰、概率求解速度快、应用方便等特点，本章将选择 logit 模型，构建如下回归模型：

$$Logit(p)=ln\left(\frac{p}{1-p}\right)=\beta_0+\sum_{k=1}^{k}\beta_k x_k \qquad (4-1)$$

其中，p 是事件发生的概率，事件不发生的概率则为 $1-p$，x 是影响区县衰退的因素，β_0 为常数项，β_k 是解释变量 x_k 的回归系数。$p\ /\ 1-p$ 被称为几率比（odd ratio）或相对风险。

在二值模型的拟合优度衡量方面，由于不存在平方和分解公式，故无法计算 R^2。通常情况下使用正确计算百分比（precent correctly predicted）来判断拟合优度。如果发生概率的预测值大于等于 0.5，则认为其预测 $y=1$，反之则认为其预测 $y=0$。将预测值与实际值进行比较，就能够计算正确预测百分比。

二、变量描述

衰退区县可以分为确定型衰退区县、发展停滞型衰退区县、空心扩张型衰退区县三种，在不同的模型中，将分别对 y、y_1、y_2、y_3 进行实证分析。在 y 的数据处理上，本章将衰退型区县为 1，否则为 0，y_1、y_2、y_3 的数据处理同上。

表 4–14　被解释变量及分类表

被解释变量 $(P\mid y=1)$	y 分类
y	y：衰退区县
	y_1：确定型衰退区县 – 低灯光增长衰退
	y_2：停滞发展型衰退区县 – 中灯光增长衰退
	y_3：空心扩张型衰退区县 – 高灯光增长衰退

在解释变量选择上，增长与衰退是一对相对概念，对增长的驱动因素的研究已经较为成熟，学者们对增长与人力资本、产业机构和资源的关系研究已较为充分。在人力资本对经济增长的驱动上，学者们已经进行了理论和实证分析。Schulta 根据美国 1929–1957 年的教育数据分析，得出教育水平的提升对美国的经济增长有 33% 的贡献率。[①]Barro 使用了人均受教育年限来衡量人力资本结构，他认为人力资本存量促进了经济的增长，并且人力资本的受教育结构对经济增长的影响要大于人均收入对经济增长的影响。[②] 此外 Di Liberto、Pereira 和 Aubyn、Petrakis 和 Stamatakis 等大量学者均在实证方面证明人力资本对经济增长具有重要的促进作用[③,④,⑤]。相反，可以说人力资本的变动对经济衰退也会产生一定的影响；在产业结构和经济增长的关系上，学者们的研究已较为充分。美国经济学家库兹涅茨深入分析了国民收入增长与产业结构之间的关系，随着国民收入的增长，产业结构会变成“三二一”格局。[⑥]Rostow 提出主导产业的变化升级是经济发展的动力保障。[⑦]Chenery 提出产业的占比结构反映出当前的发展模式，可以在一定程度上说明经济的增长与衰退。同时，他也提出了不同发展阶段与之对应的产业结构占比的标准数值[⑧,⑨]。综上，产业结构是经济增长与衰退的重要影响因素；在资源对经济增长与衰退的影响方面，主要研究集中在资源诅咒方面。1993 年，Auty 第一次提出了资源诅咒的概念，他指出丰富的资源对经济增长是一种限制，会使经济的增长更慢，甚至衰退。[⑩] 此后，学者们注重对资源诅咒的表现形式、对经济衰退的影响等方面的研究逐渐深入。Coxhead 认为资源地区对资源利用效率

---

① Henry, Nelson Bollinger. Social forces influencing American education / [M] . NSSE, 1961.

② Barro RJ . Economic Growth in a Cross Section of Countries* [J] . Quarterly Journal of Economics（2）：2.

③ Petrakis PE, Stamatakis D. Growth and Educational Levels：a Comparative Analysis [J] . Economics of Education Review, 2002, 21（5）：513–521.

④ Di Liberto A. Education and Italian Regional Development [J] . Economics of Education Review, 2008,（27）：94–107.

⑤ Pereira J, St Aubyn M. What Level of Education Matters Most for Growth ? Evidence from Portugal [J] . Economics of Education Review, 2009,（1）：67–73.

⑥ 西蒙·库兹涅茨 . 各国的经济增长 [M] . 商务印书馆，2009.

⑦ 罗斯托 . 经济增长的阶段 [M] . 中国社会科学出版社，2001.

⑧ Chenery, H. Sherman Robinson and Moshe Syrquin. Industrialization and growth：A comparative study [M] . New York：Oxford University Press, for the World Bank, 1986.

⑨ Chenery H.B. Pattems of development：1950–1970 [M], London：Oxford university press. 1957.

⑩ Linde C V D. Sustaining development in mineral economies：The resource curse thesis：Richard M. Auty Routledge, London and New York, 1993, [J] . 1994, 20（1）：77–78.

低下进而导致衰退。[①]赵奉军认为资源诅咒是一种收入两极分化、生态环境恶化等一系列不利于经济增长和社会进步的现象。[②]齐义军提出资源诅咒使得资源丰富的地区陷入不可持续的发展状态。[③]综上，可以看出资源变量对经济的增长与衰退具有一定的影响。

除了对增长的影响因素探讨方面，对城市衰退原因的探讨主要集中在对东北老工业城市衰退原因与资源型城市原因的探讨。雅各布斯提出城市衰退的原因不仅仅是交通、移民和中产阶级，还有着更深层次的原因，与城市运作方式有关。对东北老工业城市衰退的原因，学者们认为是主导产业衰退与体制束缚资源配置，以及人力资本的减少。对资源型城市的衰退原因，学术界一致认为资源枯竭与产业结构单一是主要原因。此外，城市集聚扩散理论认为人口、产业、资源等在城市不断集聚是城市增长的基本动力，当城市人口、产业、资源向外分散时，城市将出现衰退。

综上，学者们对城市衰退原因分析时，主要聚焦在资源、产业结构和人力资本三大方面，也有许多学者对资源、产业结构、人力资本与增长的关系进行了理论和实证分析。因此，本章也将选择资源变量、产业结构变量和人力资本变量三个变量进行衰退区县的影响因素探讨。

表 4–15 解释变量数据来源及解释

解释变量	来源	解释
x_1：资源变量	国务院《全国资源型城市可持续发展规划（2013–2020 年）》（下称《规划》）	用资源型区县衡量资源变量。为虚拟变量，是资源型区县为 1，不是资源型区县为 0。
x_2：产业结构变量	《中国县域经济统计年鉴》	用第三产业占比来衡量产业结构变量。取 2001 年和 2016 年第三产业占比的平均值。
x_3：人力资本变量	2010 年人口普查数据	用人均受教育年限来衡量人力资本变量。

x_1资源变量源于《规划》公布的 262 个资源型城市，在《规划》中，262 个资源型城市又分为成长型资源城市、成熟型城市、衰退型资源城市和再生型资源城市，经过数据处理得到区县资源变量。在数据处理方面，《规划》中

---

① Coxhead I. A New Resource Curse ? Impacts of China's Boom on Comparative Advantage and Resource Dependence in Southeast Asia [J]. World Development, 2007, 35 (7): 1099–1119.

② 赵奉军. 关于"资源诅咒"的文献综述 [J]. 重庆工商大学学报（西部论坛），2006（01）：12–16.

③ 齐义军，付桂军. 破解资源诅咒的内蒙古模式研究 [J]. 黑龙江丛刊，2012（02）：90–96.

公布的数据既有地级区划数据也有县级区划数据，对部分未公布到县级区划的数据本章将使用地级区划数据代替。在不同的模型中，生成不同数量的虚拟变量进行回归。

x_2 产业结构变量为 2002 年、2016 年第三产业占比的均值，由于 2001 年县级区划层面的数据不可得，本章选择 2002 年的数据替代 2001 年数据，得到 2002 年与 2016 年第三产业占比的均值来衡量产业结构变量。

x_3 人力资本变量由 2010 年的人均受教育年限衡量。受限于区县人均受教育年限数据可得性，2010 年最接近中位年份且数据可得，因此，选择 2010 年人口普查数据中人均受教育年限来衡量人力资本变量。

表 4–16　解释变量及分类表

解释变量	解释变量分类
x_1：资源变量	x_1：资源型区县
	x_{1a}：成长型资源区县
	x_{1b}：成熟型资源区县
	x_{1c}：衰退型资源区县
	x_{1d}：再生型资源区县
x_2：产业结构变量	x_2：2002 年、2016 年第三产业占比均值
x_3：人力资本变量	x_3：2010 年人受教育年限

三、实证分析

（一）衰退区县影响因素分析

在影响因素实证分析时，本章将使用虚拟变量。在有常数项的模型中，如果定性指标为 M 类，则最多只能有（M–1）个虚拟变量，如果回归方程中有 M 个虚拟变量，则会产生严重的多重共线性。

本章在对资源变量处理时，有两种方式：第一种为生成 1 个虚拟变量，即是资源型区县取值为 1，不是资源型区县，取值为 0；第二种根据资源型区县的 4 种类型，生成 3 个虚拟变量，即 x_{1a}、x_{1b}、x_{1d} 为虚拟变量。

经过实证分析，在不同的模型中 $P\mid y=1$ 与资源型区县变量 x_1 以及资源区县分类变量虚拟变量 x_{1a}、x_{1b}、x_{1d} 均不相关。对资源型城市的数据公布既有市级数据也有县级数据，在数据上使用地级区划数据替代县级区划数据的方式不够细致，因此数据的代表性较低，在模型中显著性水平较低，但是也不能忽略资源变量对衰退区县的影响。

表 4–17　衰退区县影响因素回归结果

$P \mid y=1$		
	模型编号	
	1	2
x_1：资源型区县	0.191 （0.140）	
x_{1a}：成长型资源区县		0.173 （0.252）
x_{1b}：成熟型资源区县		0.149 （0.160）
x_{1c}：衰退型资源区县		
x_{1d}：再生型资源区县		–0.195 （0.349）
x_2：产业结构变量	–0. 266** （0.130）	–0.268** （0.131）
x_3：人力资本变量	0.200** （0.081）	0.204** （0.081）
Correctly classified	85.37%	85.37%
LR	12.54	12.36

注：***、** 和 * 分别表示在 1%、5%、10% 的水平上显著。

综上，主要探讨产业结构变量和人力资本变量对衰退区县的影响。在模型 1 和模型 2 中，x_2 产业结构变量符号为负且较为显著，这表明第三产业占比越高，区县为衰退区县的概率越小。x_3 人力资本变量符号为正且显著，这表明人均受教育年限越高，区县为衰退区县的概率越大。

由于 logit 模型为（非线性）二值选择模型，不存在平方和分解公式，故无法计算 R^2，对模型拟合优度使用“正确预测百分比”进行判断，模型 1 和模型 2 的正确预测百分比均为 85.38%，说明模型的拟合程度较好。

为进一步检验模型稳定性，在模型中加入稳健标准误，结果显示稳健标准误的 logit 模型估计与普通标准误的回归结果相近（表 4–18），模型稳定性较好。

为进一步探索产业结构变量和人力资本变量对衰退区县的影响，在模型 2 中选择汇报几率比。结果显示 x_2 产业结构变量系数为 0.765，且在 5% 的水平上显著，这表明第三产业占比每增加一个单位，区县是衰退区县的概率就减少 23.5%；x_3 人力资本变量的系数为 1.224，在 5% 的水平上显著，这表明人均受教育年限每增加一个单位，区县为衰退区县的概率增加 22.4%。回归结果见表 4–18。

表 4–18　产业结构与人力资本对衰退区县的影响回归结果

	2	2 稳健标准误	2 汇报几率比
x_2：产业结构变量	–0.268** （0.131）	–0.268** （0.104）	0.765** （0.099）
x_3：人力资本变量	0.204** （0.081）	0.204*** （0.078	1.224** （0.223）

注：***、** 和 * 分别表示在 1%、5%、10% 的水平上显著。

为进一步检验模型的稳定性，将边际效应模型结果与线性回归结果进行对比，结果显示，x_2 产业结构变量、x_3 人力资本变量系数符号相同，系数数值差别较小，且显著性均在 5% 以上，说明产业结构变量和人力资本变量对区县衰退的影响显著且稳定。

表 4–19　模型 2 边际效应与线性回归结果

	边际效应	线性回归分析
x_2：产业结构变量	–0.033** （0.129）	–0.049** （0.208）
x_3：人力资本变量	0.025*** （0.010）	0.023*** （0.008）

注：***、** 和 * 分别表示在 1%、5%、10% 的水平上显著。

（二）不同类型衰退区县影响因素分析

1. 确定型衰退区县影响因素分析

经过实证分析，在不同的模型中 $P \mid y_1 = 1$ 与资源型区县变量 x_1 以及资源区县分类变量虚拟变量 x_{1a}、x_{1b}、x_{1d} 均不相关，回归结果见表 4–20。

表 4–20　确定型衰退区县影响因素回归结果

$P \mid y_1 = 1$		
	模型编号	
	3	4
x_1：资源型区县	0.220 （0.177）	
x_{1a}：成长型资源区县		–0.284 （0.387）
x_{1b}：成熟型资源区县		0.263 （0.197）
x_{1c}：衰退型资源区县		
x_{1d}：再生型资源区县		0.346 （0.373）
x_2：产业结构变量	–0.317** （0.133）	–0.333** （0.138）
x_3：人力资本变量	0.521*** （0.108）	0.5194*** （0.110）
Correctly classified	91.38%	91.38%
LR	30.67	32.48

注：***、** 和 * 分别表示在 1%、5%、10% 的水平上显著。

综上，主要探讨产业结构变量和人力资本变量对确定型衰退区县的影响。在模型 4 中，x_2 产业结构变量符号为负，在 5% 的水平上显著，结果表明第三产业占比越高，区县为确定型衰退区县的概率越小。x_3 人力资本变量符号为正，在 1% 的水平上显著，结果表明人均受教育年限越高，区县为衰退区县的概率越大。

模型的正确预测百分比为 91.38%，拟合优度较好。为检验模型稳定性，在模型中加入稳健标准误，稳健标准误与普通标准误估计结果非常相近（表 4–21），说明模型稳定性较好。

为进一步探索产业结构变量和人力资本变量对确定型衰退区县的影响，在模型 4 中选择汇报几率比。x_2 产业结构变量系数为 0.717，在 5% 的水平上显著，结果表明第三产业占比每增加一个单位，区县为确定型衰退的概率减少 28.3%；x_3 人力资本变量的系数为 1.680，在 1% 的水平上显著，表明人均受教育年限每提高一个单位，区县为确定型衰退区县的概率会增加 68%。回归结果见表 4–21。

表 4–21　产业结构与人力资本对确定型衰退区县的影响回归结果

	4	4 稳健标准误	4 汇报几率比
x_2：产业结构变量	–0.333** （0.138）	–0.333*** （0.097）	0.717** （0.019）
x_3：人力资本变量	0.5194*** （0.110）	0.519*** （0.909）	1.680*** （0.184）

注：***、** 和 * 分别表示在 1%、5%、10% 的水平上显著。

为进一步检验模型的稳定性，将汇报边际效应模型结果与线性回归结果进行对比，结果显示，x_2 产业结构变量、x_3 人力资本变量系数符号相同，系数数值差别较小，且显著性均在 5% 以上，这表明模型的稳定性良好。

表 4–22　模型 4 边际效应与线性回归结果

	边际效应	线性回归分析
x_2：产业结构变量	–0.025*** （0.008）	–0.047** （0.021）
x_3：人力资本变量	0.040*** （0.008）	0.034*** （0.006）

注：***、** 和 * 分别表示在 1%、5%、10% 的水平上显著。

2. 发展停滞型衰退区县影响因素分析

在不同的模型中 $P\mid y_2=1$ 与资源型区县变量 x_1 以及资源区县分类变量虚拟变量 x_{1a}、x_{1b}、x_{1d} 均不相关。

在模型 5 和模型 6 中，$P\mid y_2=1$ 与人力资本变量 x_3、产业结构变量 x_2 的相关关系不显著。模型的 LR 数值均小于 4，这表明除常数项以外，其他系数的显著性较差。因此，人力资本变量、产业结构变量与发展停滞型衰退的相关性统计学意义较小。

表 4–23　发展停滞型衰退区县回归结果

$P\mid y_2=1$		
	模型编号	
	5	6
x_1：资源型区县	0.078 （0.254）	
x_{1a}：成长型资源区县		0.006 （0.448）
x_{1b}：成熟型资源区县		–0.046 （0.295）
x_{1c}：衰退型资源区县		
x_{1d}：再生型资源区县		–1.280 （1.02）
x_2：产业结构变量	–0.176 （0.159	–0.098 （0.159）
x_3：人力资本变量	–0.102 （0.129）	–0.100 （0.129）
Correctly classified	96.05%	96.05%
LR	1.58	3.92

3. 空心扩张型衰退区县影响因素分析

经过实证分析，在不同的模型中 $P\mid y_3=1$ 与资源型区县变量 x_1、x_{1b}、x_{1c}、x_{1d} 均不相关。在模型 8 中，$P\mid y_3=1$ 与资源型区县变量 x_{1a} 在 5% 显著性水平上正相关，与产业结构变量 x_2 在 1% 显著性水平上正相关，与人力资本变量 x_3 在 5% 的显著性水平上负相关。

表 4–24　空心扩张型衰退区县影响因素回归结果

$P\mid y_2=1$		
	模型编号	
	7	8
x_1：资源型区县	0.226 （0.351）	
x_{1a}：成长型资源区县		0.093** （0.443）

续表

$P \mid y_2=1$		
	模型编号	
	7	8
x_{1b}：成熟型资源区县		0.032 （0.443）
x_{1c}：衰退型资源区县		
x_{1d}：再生型资源区县		0
x_2：产业结构变量	5.123*** （1.615	4.718*** （1.643）
x_3：人力资本变量	−0.346** （0.153）	−0.320** （0.157）
Correctly classified	97.94%	97.82%
LR	14.46	18.28

注：***、** 和 * 分别表示在 1%、5%、10% 的水平上显著。

在模型 8 中，x_2 产业结构变量符号为正，在 1% 的水平上显著，这表明第三产业占比越高，区县为空心扩张型衰退区县的概率越大。x_3 产业结构变量符号为负，在 5% 的水平上显著，表明人均受教育年限越高，区县为空心扩张型衰退区县的概率越小。经过稳健标准误验证，模型稳定性较好见表 4–25。

表 4–25　产业结构与人力资本对空心扩张型衰退区县的影响回归结果

	8	8 稳健标准误	8 汇报几率比
x_2：产业结构变量	4.718*** （1.643）	4.718*** （1.930）	111.926*** （3.928）
x_3：人力资本变量	−0.320** （0.157）	−0.311** （0.140）	0.733** （0.115）

注：***、** 和 * 分别表示在 1%、5%、10% 的水平上显著。

为进一步探索产业结构变量和人力资本变量对空心扩张型衰退区县的影响，在模型 8 中选择汇报几率比。结果显示 x_2 产业结构变量系数为 111.926，在 1% 的水平上显著。这表明第三产业占比每提高一个单位，区县为空心扩张型衰退区县的概率会增加 111 倍；x_3 人力资本变量的系数为 0.733，在 5% 的水平上显著，这表明人均受教育程度每增加一个单位，区县为空心扩张型衰退区县的概率会下降 26.7%。回归结果见表 4–25。

为进一步检验模型的稳定性，将汇报边际效应模型结果与线性回归结果进行对比，结果显示，x_2 产业结构变量、x_3 人力资本变量系数符号相同，系数数值差别较小，且显著性均在 5% 以上，说明模型稳定性良好。

表 4–26　模型 8 边际效应与线性回归结果

	边际效应	线性回归分析
x_2：产业结构变量	0.099*** （0.037）	0.104** （0.005）
x_3：人力资本变量	–0.007* （0.003）	–0.007* （0.004）

注：***、** 和 * 分别表示在 1%、5%、10% 的水平上显著。

四、结论与讨论

在整体衰退区县影响因素分析中，x_2 产业结构变量符号为负，在 5% 的水平上显著，这表明第三产业占比越高，区县为衰退区县的概率越小；x_3 人力资本变量符号为正，在 5% 的水平上显著，这表明人均受教育年限越高，区县为衰退区县的概率越大。在汇报几率的情况下，结果显示 x_2 产业结构变量系数为 0.765，且在 5% 的水平上显著，这表明第三产业占比每增加一个单位，区县是衰退区县的概率就减少 23.5%；x_3 人力资本变量的系数为 1.224，在 5% 的水平上显著，这表明人均受教育年限每增加一个单位，区县为衰退区县的概率增加 22.4%。

整体衰退区县影响因素系数符号与确定型衰退区县影响因素系数符号相同。模型 4 的变量系数符号与模型 2 的变量系数符号相同。第三产业占比越高，区县为衰退区县的概率越小，主要由第三产业占比高的区县是确定型衰退区县的概率小驱动的；人均受教育水平越高，区县为衰退区县的概率越大，主要由人均受教育年限高的区县是确定型衰退区县的概率越大驱动的。在汇报几率比方面，第三产业占比每增加一个单位，区县是衰退区县的概率就减少 23.5%，是确定型衰退的概率减少 28.3%；人均受教育年限每增加一个单位，区县为衰退区县的概率增加 22.4%，为确定型衰退区县的概率会增加 68%。

表 4–27　不同模型回归结果

	$P\mid y=1$	$P\mid y_1=1$	$P\mid y_2=1$	$P\mid y_3=1$
模型编号	2	4	6	8
x_1：资源型区县				
x_{1a}：成长型资源区县	0.173 （0.252）	–0.284 （0.387）	0.006 （0.448）	0.093** （0.443）
x_{1b}：成熟型资源区县	0.149 （0.160）	0.263 （0.197）	–0.046 （0.295）	0.032 （0.443）
x_{1c}：衰退型资源区县				
x_{1d}：再生型资源区县	–0.195 （0.349）	0.346 （0.373）	–1.280 （1.02）	0
x_2：产业结构变量	–0.268** （0.131）	–0.333** （0.138）	–0.098 （0.159）	4.718*** （1.643）
x_3：人力资本变量	0.204** （0.081）	0.5194*** （0.110）	–0.100 （0.129）	–0.320** （0.157）
Correctly classified	85.37%	91.38%	96.05%	97.82%
LR	12.36	32.48	3.92	18.28

注：***、** 和 * 分别表示在 1%、5%、10% 的水平上显著。

空心扩张型衰退区县与确定型衰退区县影响因素系数符号相反。在模型 4 中，产业结构变量的系数符号为负，人力资本变量的系数符号为正，在模型 8 中，产业结构变量的系数符号为正，人力资本变量的符号为负。这表明，第三产业占比越高，区县为确定型衰退区县的概率越小，为空心扩张型衰退区县的概率越大；人均受教育年限越高，区县为确定型衰退区县的概率越大，为空心扩张型衰退区县的概率越小。在汇报几率比方面，第三产业占比每增加一个单位，区县是确定型衰退区县的概率减少 28.3%，是空心扩张型衰退区县的概率增加 110 倍；人均受教育年限每增加一个单位，区县为确定型衰退区县的概率会增加 68%，为空心扩张型衰退区县的概率降低 26.7%。

表 4–28　不同模型回归结果（汇报几率比）

	$P\mid y=1$	$P\mid y_1=1$	$P\mid y_3=1$
模型编号	2	4	8
x_2：产业结构变量	0.765** （0.099）	0.717** （0.019）	111.926*** （3.928）
x_3：人力资本变量	1.224** （0.223）	1.680*** （0.183）	0.733** （0.115）

注：***、** 和 * 分别表示在 1%、5%、10% 的水平上显著。

第五节　结论与建议

一、主要结论

城市是生态文明建设和可持续发展的重要载体，在中国生态文明建设过程中，要高度重视城市的不可持续问题。

衰退城市的识别方法研究目前还处于早期阶段，需要根据衰退城市的定义，借鉴收缩城市的识别方法进行构建。根据人口迁移理论，二三产业从业人口的增加与减少是衡量城市或区域综合发展与否的重要指标，且二三产业从业人口数据的变化涵盖了人口流动、产业变化、经济发展变化等综合信息，能够较好的衡量城市综合发展程度的变化，与衰退城市定义相符合，可以根据二三产业从业人口数量的减少作为识别衰退城市或衰退区县的指标。对衰退城市的分类，目前研究处于早期阶段，但可以借鉴收缩城市“收缩 – 空间扩张”模型构建“衰退 – 综合扩张”衰退城市的分类模型，使用夜间灯光数据衡量综合扩张程度，以此对衰退城市进行分类具有一定可行性。

第一，本章使用二三产业从业人员数据的减少来识别衰退区县，在 2001–2016 年共 15 年的时间段内，可到数据的 1769 个区县中，共识别出 262 个区县为衰退区县，测定我国县级区划尺度的衰退率为 14.8%。分区域来看，东北和中部地区区县衰退率最高，东部地区平均衰退率为 10.65%，中部地区平均衰退率为 17.45%，西部地区平均衰退率为 16.90%，而东北地区平均衰退率高达为 28.15%；分省份来看，衰退区县占比最高的 5 个省份分别为黑龙江省、山西省、海南省、辽宁省和河南省，衰退区县占比分别为 42.19%、35.56%、

33.33%、26.47%、26.21%。衰退区县占比最低的 5 个省份分别为山东、江西、河北、四川、江苏，衰退区县占比分别为 3.37%、2.56%、2.40%、0.77%、0.00%。

第二，根据夜间灯光数据可以将识别出的 262 个衰退区县分成三个类型，其中，确定型衰退区县（低灯光增长的衰退区县）70 个、发展停滞型衰退区县（中灯光增长的衰退区县）153 个、空心扩张型衰退区县（高灯光增长的衰退区县）39 个。从省内占比数据来看，宁夏、贵州、湖南、内蒙古、福建、广西、甘肃、吉林的衰退区县主要为非扩张型衰退，占省内总衰退区县的 50% 以上。海南、山东、江西、河南、辽宁的衰退区县主要为确定型衰退区县；从不同类型衰退城市的全国占比来看，发展停滞型衰退区县和空心扩张型衰退区县主要分布在西部地区，确定型衰退区县主要分布在中部地区。西部地区发展停滞型衰退区县占全国发展停滞型衰退区县的比值为 58.57%，西部地区空心扩张型衰退区县占全国空心扩张型衰退区县的 92.31%，中部地区确定型衰退区县占全国确定型衰退区县的 50.33%。

第三，根据 2001–2006 年、2006–2011 年、2011–2016 年三个时间段衰退区县的识别结果来看，县级区划尺度上，我国衰退区县的数量和占比呈扩大化趋势。2001–2006 年、2006–2011 年、2011–2016 年识别出的衰退区县的数量分别 215 个、308 个、560 个，衰退区县综合占比分别为 13.98%、20.03%、36.41%。三个时间段均为衰退的 8 个区县需要重点关注，加快区县转型，分别为内蒙古自治区的林西县和太仆寺旗、黑龙江省的虎林县和塔河县、吉林省的安图县、广东省的广宁县、云南省的景洪市、西藏自治区的林周县。

第四，就整体衰退区县而言，第三产业占比越高，区县为衰退区县的概率越小。实证分析结果显示第三产业占比每增加一个单位，区县是衰退区县的概率就减少 23.5%。

第五，就整体衰退区县而言，区县衰退与高教育水平人才的外流具有一定相关性，人均受教育水平越高，区县为衰退区县的概率越大。实证分析结果表明人均受教育年限每增加一个单位，区县为衰退区县的概率增加 22.4%。

第六，产业结构变量和人力资本变量对不同类别的衰退区县影响不同，空心扩张型衰退区县与整体衰退区县、确定型衰退区县影响因素系数符号相反。第三产业占比越高，区县为衰退区县和确定型衰退区县的概率越小，为空心扩张型衰退区县的概率越高。人均受教育水平越高，区县为衰退区县和确定型衰退区县的概率越大，为空心扩张型衰退区县的概率越小。第三产业占比每增加一个单位，区县是确定型衰退区县的概率减少28.3%，是空心扩张型衰退区县的概率增加110倍。人均受教育年限每增加一个单位，区县为确定型衰退区县的概率会增加68%，为空心扩张型衰退区县的概率降低26.7%。

二、政策建议

第一，政府部门应更加关注区县衰退问题。在2001–2016年的时间段内，中国1769个可得数据的区县中，有262个区县为衰退区县，县级区划尺度上区县衰退率为14.8%，我国衰退区县的数量和占比呈扩大化趋势。因此，政府部门应关注区县的衰退，尤其是黑龙江省、山西省、海南省、辽宁省、河南省等衰退区县占比最高，政府部门应积极更加注重对区县衰退问题的识别、研究和治理，制定相关政策扶持衰退区县，加快衰退区县转型与升级。

第二，区县在整体规划时应更加注重生活品质空间的提升，增强区县的吸引力。区县衰退看作是区县品质提升的契机，在区县规划过程中要注重细节，体现区县的美丽与品质，注重"以人为本"。建立区县整体产业、空间、服务等功能与人的积极联系，依托产业，提升空间的用地性质与布局，提高区县设施的服务能力与设施的运营机制。

第三，区县要更加注重防范高教育水平人才流失、注重引进高教育水平人才、注重本地存量人才的培养等。就整体衰退区县而言，高教育水平人才的外流会加大区县衰退的可能性，人均受教育水平越高，区县为衰退区县的概率越大。区县政府应积极鼓励在外经商、创业人员归乡创业，一方面加大归乡情怀建设力度与宣传力度，另一方面在税收、土地、办公场地等政策方面对归乡创业人员给予优惠。其次，省市级政府应积极执行应届毕业生选调生计划，在县级区划政府部门扩大选调生招聘，吸引有志青年归乡贡献力量。此外，区县政府要积极发展职业教育与职业技能培训，在高教育水平人才流失的情况下，提高本地区劳动力素质。

第四，对确定型衰退区县，应积极采取措施，大力发展第三产业。首先，完善第三产业配套基础设施，依托区县比较优势发展新产业、新业态、新模式，积极发展电子商务等现代流通方式。其次，培育壮大区县经济发展综合体，推进农业、工业、文化、体育、养生养老与旅游的深度整合。最后，创新金融产品，增加直接融资比重，增强服务实体经济的能力，为县域经济发展提供有力支持。

第五，对空心扩张型衰退区县，要警惕区县继续空心化，警惕区县空心增长。首先，要警惕大规模房地产开发，减少区县空间扩张，走区县精明式发展模式。其次，空心扩张型衰退区县要减少不必要的第三产业发展，根据区县比较优势，适当发展第一产业和第二产业。

第六，就整体衰退区县而言，要夯实劳动监察工作，全力保障第三产业从业人员合法权益。为充分保障第三产业从业人员合法权益，不断加大劳动保障监察力度，建立长效机制，着力构建区县第三产业用工单位与从业人员之间形成规范有序、公正合理、互利共赢、和谐稳定的劳动关系。

第五章　生态保护与多主体参与

第一节　公众参与生态保护

一、公众参与生态保护的背景

（一）我国经济发展与生态环境保护不协调的现实背景

2018 年我国国内生产总值为 90.03 万亿元人民币，较 2017 年的 82.08 万亿元人民币增长了 8.8%，较 2016 年的 74.41 万亿元人民币增长了 21.0%，[①] 虽然增速放缓，但是仍保持稳定增长的趋势。与此同时，生态环境保护与经济发展呈现不协调的状态，《2018 年中国生态环境状况公报》显示，全国 64.2% 的城市环境空气质量超标，31.6% 的县域属于生态环境质量较差和差，更有 11.4% 的县域较 2016 年生态环境质量变差。[②] 根据国家统计局发布的数据，2018 年我国能源消费总量为 46.4 亿吨标准煤，较 2017 年的消费量增长了 3.3%，较 2017 年增长率变大。由此可见，当前经济发展较大程度上伴随着生态环境的恶化和资源的大量消耗，经济增长和资源环境保护尚未实现较好的协调发展，因此，深入践行“绿水青山就是金山银山”，协调推进经济发展和生态环境保护，发展资源节约型、环境友好型经济迫在眉睫。

（二）绿色发展中公众参与作用日趋显著

2015 年 7 月，中华人民共和国生态环境部（原中华人民共和国环境保护部）发布《环境保护公众参与办法》，其中对于公众参与的方式进行了详细说明，对于规范并引导公众依法、有序、理性参与环境保护事务，推进产业结构转型、产业资源节约、产业环境友好、产业创新发展发挥着不可或缺的作用。2018 年，“12369”环保举报联网管理平台共接到群众举报 710117 件，其中，电话举报 365361 件、微信举报 250083 件、网上举报 92525 件，相较于

① 国家统计局．《2019 年中国统计年鉴》．[EB/OL] [2019-09]

② 生态环境部．《2018 年中国生态环境状况公报》．[EB/OL] [2019-05-29]

2017 年群众举报数量增加了 14.3%。[①]

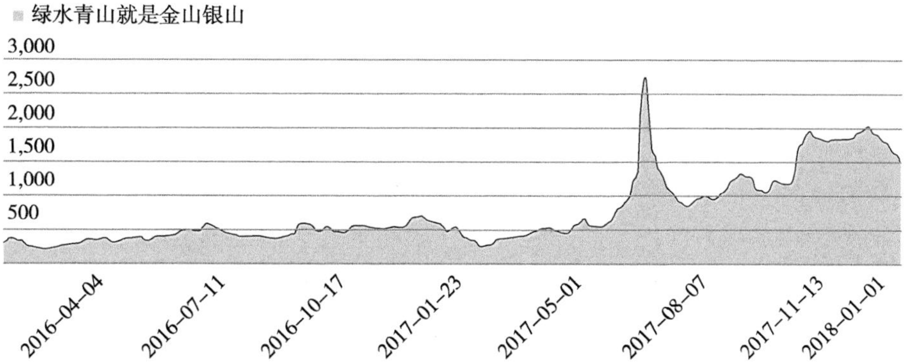

图 5–1　2016–2018 年“绿水青山就是金山银山”百度搜索指数的变化趋势

资料来源：百度指数官方网站

图 5–1 展示了以“绿水青山就是金山银山”为关键词，2016 年到 2018 年其百度搜索指数的变化情况，由图 5–1 可知，“绿水青山就是金山银山”的百度搜索指数逐渐增高，从 2016 年 1 月 1 日的 282 增加到 2018 年 1 月 1 日的 1478，平均搜索日均值为 731。从图中可以发现，2017 年 6 月前后有一个明显的指数高峰期，这是因为 2017 年 6 月 5 日是第 46 个世界环境日，我国确定的主题是“绿水青山就是金山银山”，2017 年 6 月 3 日—6 月 8 日百度指数的显著增加，由此可见公众对“绿水青山就是金山银山”践行的关注力度之大。

在过去的 40 年里，中国改革开放取得了重大进展。居民收入不断增长，生活水平逐渐提高，公众对生态环境的保护意识也不断增强，对生态恶化和环境污染的容忍度日益降低，并通过多种多样的参与方式向政府表达不满，期望政府能够有所作为，改善生态环境状况，推进经济和生态环境协调发展。例如，广西壮族自治区南宁市上林县百姓向政府写信，反映自 2014 年以来，当地某公司以旅游开发名义破坏自然保护区林地，面对公众诉求，政府认真核实，并依法对公司做出了行政处罚。除了信访的形式，一些生态环境类社会组织也积极作为，例如，中国环境保护组织公众与环境研究中心积极与政府和企业沟通，促进生态环境信息公开，开发了名为“蔚蓝地图”的软件，提供公众“微举报”平台，通过多方协同推进环境治理，以一种近似于区块链的形式整合大量数据，减少了生态环境治理的沟通成本，提高了生态环境治理的时效性。

---

① 生态环境部 .《2018 年度全国 12369 环保举报情况》.［EB/OL］［2019–04–24］

二、公众参与生态保护的方式

（一）公众参与的衡量方法

1. 公众意识

信访是我国普通公民进行参与的主要途径，具体的方式包括直接上访和写信上访，随着移动互联网快速发展，越来越多的公民采取电话网络等更加方便快捷的参与方式。当然，一些社会影响力较大的公民也可以通过人大政协提案的方式进行参与。这些方式都体现了公众主动关心生态环境建设、参与环境保护的意识。本报告将生态环境来信总数、生态环境来访人次、生态环境电话网络投诉数和关于生态环境的人大政协提案数四个变量进行加权平均，用以衡量公众意识。

2. 社会组织

生态环境类的非政府组织涵盖社会团体、基金会、民办非企业社会组织。这些非政府组织作为生态环境保护的新生力量，对于推进生态文明建设发挥着重要作用。但是目前我国生态环境类非政府组织尚处于初期发展阶段，可能由于没有充足资金，组织能力不足等问题难以发挥理想的作用，这也是本报告要实证分析的重点之一。

3. 公众舆论

在移动互联网迅速普及的大背景下，公众通过互联网了解公共事务、发表个人观点成为一种主流，大量群众积极参与形成的公众舆论能够对政策制定、政府行为产生巨大的影响。结合已有研究，本研究使用百度搜索指数作为公众舆论的具体变量，反映特定时间特定省区针对某关键词的关注热度，为充分体现公众对“绿水青山就是金山银山”的参与度，本研究选取了四个关键词作为统计对象，分别为“生态文明”“可持续发展”“绿色经济”和“绿水青山就是金山银山”，并将四个关键词的百度指数取平均值，用以评价公众舆论。

（二）我国公众参与的现状及问题

1. 我国公众参与的现状

图 5–2 描述了 2012–2017 年我国 6 种公众参与方式的变化情况。由图可知，生态环境类人大政协提案数在 2014 年有一个显著增加，这可能是由于

2014 年 4 月我国通过了新修订的《环境保护法》。2012—2017 年间，生态环境电话网络投诉数和“绿水青山就是金山银山”百度搜索指数的增长最为明显，这说明信息技术的发展为公众参与生态环境保护提供了便利，同时，2012—2017 年间生态环境来访人次和来信总数增速逐年放缓，其中来访人次在 2014 年后明显下降。2014 年是工业信息化部发放 4G 牌照的首年，进一步说明移动互联网技术的快速发展在一定程度上使传统参与方式减弱。生态环境类社会组织的数量整体呈现下降趋势，可能存在三方面的原因，第一，我国社会组织逐渐从高速增长阶段迈入高质量发展阶段，从重视数量扩张到更重视质量提升，注重社会组织的规范性和活跃度，关注社会组织取得的具体成效。第二，当前我国社会组织审核严格，实行严登记、严监管制度。第三，我国整治社会组织违法违规活动的力度加大，长期以来不开展活动、不进行年检、不正常换届的大量僵尸型、休眠型社会组织受到撤销登记的行政处罚，大量社会组织受到撤销登记处罚导致数量减少。①

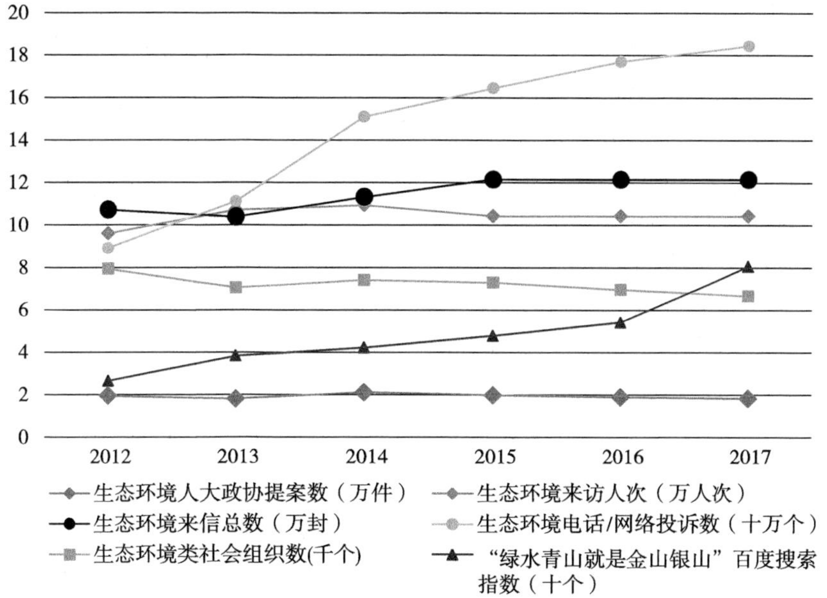

图 5–2　我国 6 种公众参与方式的变化趋势

图 5–3 是将我国 30 个省份的 6 种公众参与衡量指标按照东、中、西部进

① 于俊如 .2018 年我国社会组织增速下滑［J］. 公益时报 .2019（07）.

行加总平均，从而得到东中西部的省份平均值，绘图中加入全国的平均值加以对照。图 5–3（a）描述了东中西部生态环境类人大政协提案数的变化情况，从图中可以看出，2012 年西部地区省份平均值达到峰值，其值显著高于同期东中部地区省份平均值，但从 2013 年开始，东部省份的平均提案数较全国其他区域最高，且 2014 年东部省份的人大政协提案数达到峰值。图 5–3（b）描述了东中西部各省份生态环境来访人次的变化情况，从图中可以看出，中部省份来访人次的平均值高于东西部地区，西部省份来访人次平均值显著低于全国平均水平，且从 2012 年开始，东中部省份的来访人次开始稳步下降。图 5–3（c）描述了东中西部各省份生态环境来信数的变化情况，从图中可以看出，东部省份的来信数高于西部地区，且从 2013 年开始，生态环境来信总数开始稳步上升。图 5–3（d）描述了东中部各省份生态环境电话网络投诉数的变化情况，从图中可以看出，东部省份的电话网络投诉数显著高于中西部地区，且一直远高于全国平均水平，而中西部地区电话网络投诉数均低于全国平均水平。图 5–3（e）描述了东中西部各省份生态环境类社会组织数量的变化情况，从图中可以看出，东中西部地区各省份生态环境类社会组织的数量整体上均呈现下降趋势，其中，中部省份呈现稳步下降趋势，而东西部省份呈现波动下降趋势，东部省份的波动最明显。图 5–3（f）描述了东中西部各省份“绿水青山就是金山银山”百度搜索指数的变化情况，从图中可以看出，东部省份“绿水青山就是金山银山”百度搜索指数远高于中西部地区，且一直高于全国平均水平，东中西部“绿水青山就是金山银山”百度搜索指数的变化趋势相同，均呈现明显的上升趋势。

多种公众参与方式均从 2012 年开始有显著的增加，可能存在两方面的原因，一从国家发展政策的角度来看，2012 年习近平总书记在十八大报告中提出要进行生态文明建设，而后《大气污染防治行动计划》和新修订的《环境保护法》相继出台，公众关注度有所提升。二从环境污染的角度来看，2012 年是雾霾舆论爆发的年份，[①]公众更加切身的体会到雾霾对生产生活带来的严重影响，从而使得环境保护的意识逐渐加强。

---

① 张生玲，李跃 . 雾霾社会舆论爆发前后地方政府减排策略差异——存在舆论漠视或舆论政策效应吗?［J］. 经济社会体制比较，2016（03）：52–60.

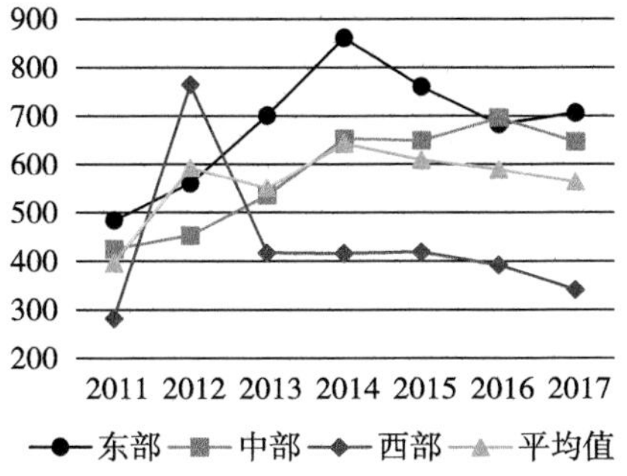

图 5-3 （a）生态环境人大政协提案数（件）

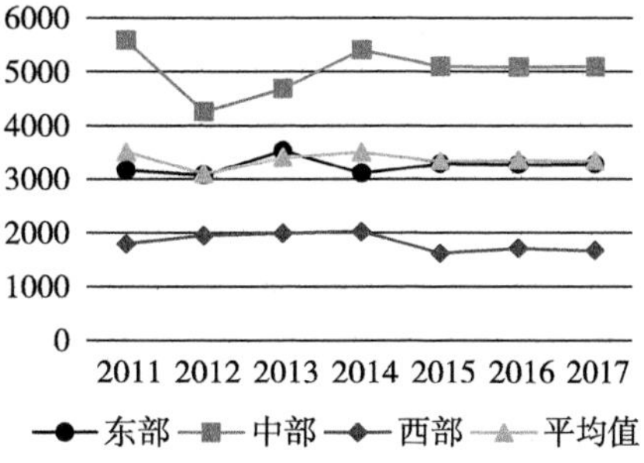

图 5-3（b）生态环境来访人次（人次）

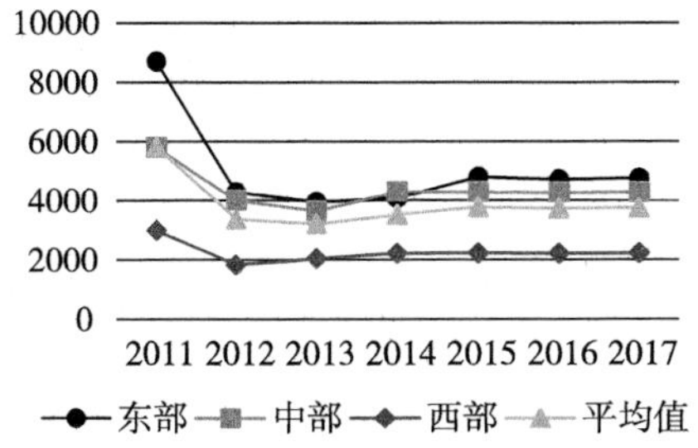

图 5-3 （c）生态环境来信数（封）

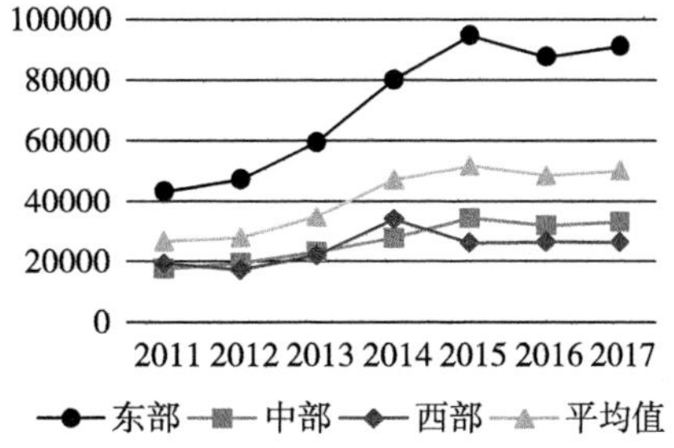

图 5-3（d）生态环境电话网络投诉数（个）

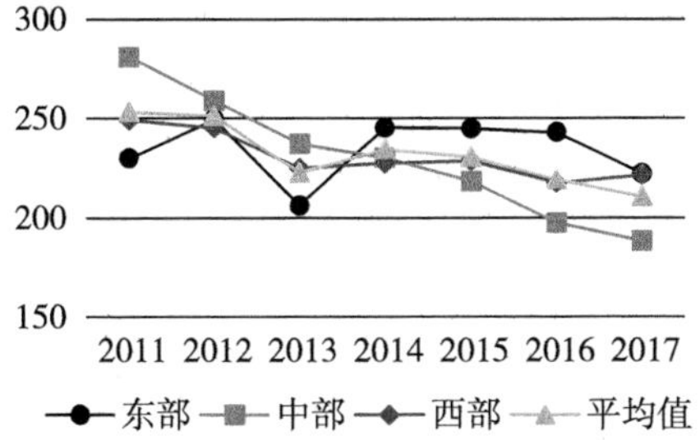

图 5-3 （e）生态环境类社会组织数（个）

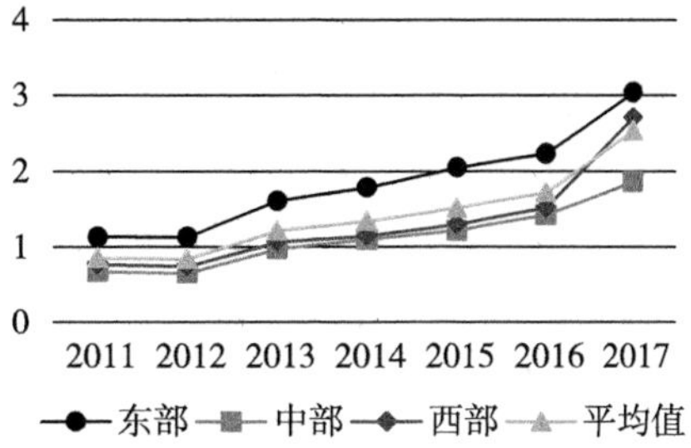

图 5-3（f）“绿水青山就是金山银山”百度搜索指数

图 5-3　2011-2017 年东中西部 6 种公众参与方式的变化情况

2. 我国公众参与的问题

（1）公众参与意识仍显淡薄

近年来我国公众参与生态环境保护的意识逐步增强，但与西方发达国家相比仍然有较大差距，公众环境教育水平相对较低，权利意识淡薄，尤其是西部偏远地区，公众的受教育水平、经济发展水平相对落后，故其对环境的关注度低。同时，公众关注的通常是与自身息息相关的生态环境问题，局限性较强，大局意识较弱，例如，公众往往会关心居住地的大气污染问题、水污染问题，而对千里之外的自然生态破坏等问题充耳不闻。另外，政府部门往往优先追求经济发展，忽视生态环境破坏问题，部分官员把 GDP 作为晋升的唯一指标，环境保护工作“一刀切”现象严重。

（2）公众参与机制不够完善

当前，我国公众参与机制不够完善。其一，我国公众参与立法还不够完善。我国法律仅仅抽象的规定了公众具有参与生态文明建设的权利，但是对于公众参与的形式、公众参与的程序、公众参与的内容等均没有明确规定，这使得公众参与行为缺少必要的法律依据，往往流于形式。[①]其二，我国公众参与的反馈机制不完善，反馈机制是公众与政府之间的桥梁，是公众参与的重要内容之一，只有建立起完善的反馈机制，公众才能得知自身提出的建议是否被政府采纳，而不完善的反馈机制使得参与效果和意义无法考证，不能很好地激励公众参与，从而导致主体力量发挥不足。[②]其三，生态环境类社会组织承担着汇聚个人力量，参与践行“绿水青山就是金山银山”的重要角色，当前我国生态环境类社会组织的规模并不少，但是休眠型社会组织比例大，真正参与到“绿水青山就是金山银山”践行过程中的社会组织并不多，整体参与度低。同时，许多社会组织由于资金不足、组织人员素质欠缺等原因不能充分发挥作用。

（3）公众参与行为不够理性

2005 年以来，我国发生了多起环境群体性事件，且数量逐年增加，在 2012–2014 年增速加快，2012 年我国发生的环境群体性事件达到 58 起[③]，这些环境群体性事件参与人数多，媒体关注度广，通过梳理这些环境群体性事件可知，公众在参与过程中存在态度偏激、不信任政府、辨识能力不足等现象。根据心理学家的相关研究，当人们聚集到一起时，个性容易被湮灭，从而形成一种“从众心理”，而具备“从众心理”的人往往只会发表与其他人趋同的观点，当自己观点与他人不同时则保持沉默。加之互联网具有匿名性，使得公众通过

① 王越．我国生态文明建设公众参与研究［D］．大连理工大学，2015.

② 张鹏．我国环境影响评价中的公众参与研究［D］．南京大学，2017.

③ 张萍，杨祖婵．近十年来我国环境群体性事件的特征简析［J］．中国地质大学学报（社会科学版），2015，15（02）：53–61.

网络参与治理的过程中容易与现实身份脱离，将网络变成发泄情绪、寻找快感的场所。这种集体心理导致的后果是盲目跟风，从而被错误的舆论迷惑。

当然，地方政府对此也负有一定的责任，在发生环境群体性事件时，公众渴望看到真实的信息，但是由于政府信息未及时公开，导致谣言四起，少数不法分子恶意发布不实言论，混淆公众视听，引起公众恐慌，造成恶劣的后果。政府处理环境群体性事件的不及时、不透明等问题会使政府失去公信力，以 2017 年发生的清远垃圾焚烧厂事件为例，有网友通过互联网发布清远垃圾焚烧厂会污染居民环境的言论，致使几百市民游行抗议修建垃圾焚烧厂，事后政府没有正面澄清，又有网友恶意上传警察打人的不实视频，引发公众不满，导致不良影响进一步扩大。①

三、“绿水青山就是金山银山”指标体系的建立

（一）“绿水青山就是金山银山”指标体系的指标选取

该报告充分借鉴李晓西教授团队建立绿色发展指数的思路，基于“绿水青山就是金山银山”的发展过程和时代内涵修改和创新，构建了评价“绿水青山就是金山银山”践行的指标体系，见下表。

表 5–1　“绿水青山就是金山银山”践行指标体系

一级指标	二级指标	三级指标	指标方向
绿色发展的协调性	经济发展水平	人均地区生产总值（元）	+
	环境保护力度	环境污染治理投资总额占地区生产总值比重（%）	+
资源环境的承载力	生态承载能力	生态承载力（公顷）	+
	资源丰裕程度	人均水资源量（立方米 / 人）	+
		能源生产量与消费量的差额（万吨标准煤）	–
	环境质量水平	单位地区生产总值二氧化硫排放量（吨 / 亿元）	–
		单位地区生产总值化学需氧量排放量（吨 / 亿元）	–
		单位地区生产总值氮氧化物排放量（吨 / 亿元）	–
		单位地区生产总值氨氮排放量（吨 / 亿元）	–
		单位地区生产总值二氧化碳排放量（吨 / 亿元）	–

① 王春晓 . 地方政府治理环境群体性事件问题研究［D］. 河南大学，2019.

续表

一级指标	二级指标	三级指标	指标方向
产业发展的新动能	产业结构转型	六大高载能行业产值占工业总产值比重（%）	-
	产业资源节约	单位地区生产总值水耗（立方米/万元）	-
		单位地区生产总值能耗（吨标煤/万元）	-
		单位地区生产总值电耗（千瓦小时/万元）	-
	产业环境友好	工业二氧化硫去除率（%）	+
		工业废水化学需氧量去除率（%）	+
		工业氮氧化物去除率（%）	+
		工业废水氨氮去除率（%）	+
	产业创新发展	人均 R&D 经费支出（元/人）	+
		国内专利申请授权量（件）	+

三级指标中，二氧化碳排放量没有较为准确的统计值，但考虑到其对环境质量水平的影响不容忽略，故单位地区生产总值二氧化碳排放量按照空值处理。本报告使用的研究样本为 2011–2017 年中国 30 个省级行政区的面板数据，受数据收集的限制，不包括港澳台地区和西藏自治区。底层指标的计算中，涉及到地区生产总值的指标，均以2010年为基期剔除价格因素计算得到。为方便计算，对方向为‘–’的指标求倒数，利用极差变化法将指标进行标准化，再使用加权平均的方法求出综合指数。

（二）省际“绿水青山就是金山银山”践行效果的计算结果及评价

根据“绿水青山就是金山银山”践行指标体系计算出 30 个省份的综合指数排名和各个一级指标指数排名，表 2 展示了 2011–2017 年排名前 10 的省份，详细排名见附表。2011–2017 年，北京、上海、天津、江苏、浙江的“绿水青山就是金山银山”践行效果综合指数位列前五，其中北京排名第一，说明北京在绿色经济发展、资源环境保护和产业发展方面的综合水平较高。这可能是因为北京在“绿水青山就是金山银山”践行过程中，对生态资源保护、环境治理、产业转型和创新发展等方面的投入较大。单独看绿色发展协调性指数，2011–2017 年排名均比较靠前的几个省份有北京、天津、上海、江苏、内蒙古，单独看资源环境承载力，2011–2017 年排名均比较靠前的几个省份有内蒙古、北京、天津、山西、上海，单独看产业发展新动能，2011–2017 年排名均比较靠前的几个省份有北京、上海、江苏、浙江、广东、天津。

表 5–2　2011–2017 年“绿水青山就是金山银山”践行指数排名前 10 的省份

排序	2011	2012	2013	2014	2015	2016	2017
1	北京	北京	北京	北京	北京	北京	北京
2	上海	上海	天津	上海	上海	上海	上海
3	天津	江苏	上海	天津	天津	天津	天津
4	江苏	天津	江苏	江苏	江苏	浙江	浙江
5	浙江	浙江	浙江	浙江	浙江	江苏	江苏
6	广东	山东	山东	山东	广东	广东	广东
7	山东	内蒙古	广东	内蒙古	山东	山东	山东
8	内蒙古	广东	福建	广东	内蒙古	福建	福建
9	山西	福建	陕西	陕西	福建	内蒙古	陕西
10	福建	山西	内蒙古	福建	陕西	陕西	内蒙古

四、公众参与对“绿水青山就是金山银山”践行效果的影响

（一）不同公众参与方式对全国“绿水青山就是金山银山”践行效果的影响

通过求解“绿水青山就是金山银山”综合指数和公众参与变量、公众受教育程度的相关系数观察不同公众参与方式对全国“绿水青山就是金山银山”践行效果的影响。表 5–3 显示，社会组织、公众舆论和“绿水青山就是金山银山”践行综合指数的相关系数均在 5% 的水平上显著，公众意识在 10% 的水平上显著，而公众受教育水平与“绿水青山就是金山银山”践行综合指数的相关系数不显著。

表 5–3　全国“绿水青山就是金山银山”践行综合指数与公众参与、公众受教育水平的相关关系

变量名称	公众意识	社会组织	公众舆论	公众受教育水平
“绿水青山就是金山银山”综合指数	0.7209*	–0.8601*	0.9514*	–0.0876
显著性水平（p 值）	0.0676	0.0130	0.0010	0.8518

注：* 表示相关性系数的显著性水平小于等于 5%

（二）不同公众参与方式对各省份“绿水青山就是金山银山”践行效果的影响

本研究构建“绿水青山就是金山银山”践行效果与公众参与的计量模型如下：

$$index_{ij} = \alpha + \beta_1 awa_{ij} + \beta_2 ngo_{ij} + \beta_3 opi_{ij} + \eta edu_{ij} + \epsilon$$

其中，$index_{ij}$ 表示“绿水青山就是金山银山”践行效果综合指数，i、j 分别表示省份和年份，awa 表示公众意识，ngo 表示社会组织，opi 表示公众舆论，edu 表示公众受教育程度，α、β_1、β_2、β_3、η 为估计系数，ϵ_{ij} 为随机扰动项。

根据回归分析结果，三种参与方式回归系数均为正，且均通过了显著性检验。同时，可以发现的是，在三类公众参与方式中，公众舆论的回归系数不仅显著性水平高，显著高于其他两类参与方式，而社会组织的回归系数最小，且仅在 10% 的水平上显著。这说明，用百度指数衡量的公众舆论对于“绿水青山就是金山银山”的践行效果影响最大，而社会组织的影响效果最小。

（三）公众参与对“绿水青山就是金山银山”践行效果影响的区域性差异

考虑到区域异质性，本研究引入地区虚拟变量 d_1 和 d_2，其中，d_1 代表东部地区省份，d_2 代表中部地区省份，以西部地区省份为作为参照。

$$\begin{aligned} index_{ij} = {} & \alpha + \beta_1 awa_{ij} + \beta_2 ngo_{ij} + \beta_3 opi_{ij} + \gamma_1 d_1 * awa_{ij} + \gamma_2 d_2 * awa_{ij} + \gamma_3 d_1 * ngo_{ij} + \\ & \gamma_4 d_2 * ngo_{ij} + \gamma_5 d_1 * opi_{ij} + \gamma_6 d_2 * opi_{ij} + \eta edu_{ij} + \epsilon \end{aligned}$$

其中，index 表示“绿水青山就是金山银山”践行效果综合指数，i、j 分别表示省份和年份，awa 表示公众意识，ngo 表示社会组织，opi 表示公众舆论，edu 表示公众受教育程度，α、β_1、β_2、β_3、γ_1、γ_2、γ_3、γ_4、γ_5、γ_6、η 为估计系数，ϵ 为随机扰动项。

回归结果显示，公众意识在西部地区的回归系数在 1% 的水平上显著，在东中部地区的回归系数为负，且分别在 5% 和 10% 的水平上显著。说明以信访、电话网络投诉和人大政协提案为主的公众意识对西部地区“绿水青山就是金山银山”践行有显著的影响，而对东中部地区无明显效果。社会组织在东中西部的回归系数均在 1% 的水平上显著，但是社会组织在东中部地区的回归系数为正，而在西部地区的回归系数为负，同时，社会组织在东部地区的回归系数为 0.162，远远大于在中部地区的回归系数（0.095），说明社会组织在东中部地区“绿水青山就是金山银山”践行过程中充分发挥了积极作用，且社会组织在东部地区发挥的积极作用更为明显，而这种作用在西部地区不显著。社会舆论在东中西部的回归系数均为正，且均在 1% 的水平上显著，公众舆论在东部地区的回归系数最大，在中部和西部地区的系数相对较小，说明公众通过百度搜索形成的网络舆论能在较大程度上推进东部地区“绿水青山就是金山银山”的践行，且该影响效果高于全国总体水平。

（四）移动互联网对“绿水青山就是金山银山”践行效果的影响

在 5G 来临之际，研究怎样利用好移动互联网的手段，对推动我国地方政府践行“绿水青山就是金山银山”具有重要意义。由于目前我国 5G 还未普及，且缺乏数据支撑，所以本报告选择 4G 牌照发放作为时间节点进行分析。为检验 4G 牌照的发布对“绿水青山就是金山银山”践行效果的影响，最直观的方法是比较 4G 牌照发布前后“绿水青山就是金山银山”综合指数差异，但是这一差异除了可能受到 4G 牌照发布与否的影响，还可能受到同一时间发生的其他政策或因素的影响，如相关法律法规颁布、国家政策指导等。为了剔除其他共时性因素对本研究关注重点的干扰，本研究采取双重差分模型（DID 模型）。DID 模型设计如下：

$$index_{ij} = \alpha_0 + \alpha_1 dt_{ij} + \alpha_2 du_{ij} + \alpha_3 dt_{ij} du_{ij} + \alpha_4 X_{ij} + du_i + dt_j + \epsilon_{ij}$$

其中，dt 为时间虚拟变量，du 为地区虚拟变量。2014 年前 dt 为 0，2014 年及以后 dt 为 1。处理组省份为 1，控制组省份为 0。$index_{ij}$ 为“绿水青山就是金山银山”践行效果的综合指数，X_{ij} 为控制变量。此外，本模型引入省份固定效应和年份固定效应，以控制省份不随时间变化的固定特征和不随省份变化的时间效应。对于处理组，4G 牌照发放前后“绿水青山就是金山银山”践行效果为 $\alpha_0 + \alpha_2$ 和 $\alpha_0 + \alpha_1 + \alpha_2 + \alpha_3$；对于控制组，4G 牌照发放前后“绿水青山就是金山银山”践行效果为 α_0 和 $\alpha_0 + \alpha_1$；实验组的 4G 牌照的政策效应为 a3，即处理组前后的差异减去控制组前后的差异。

控制变量为公众意识、社会组织、公众舆论、公众受教育水平。

为检验不同类型的省份 4G 牌照发放前后对“绿水青山就是金山银山”践行效果的影响，在此进行三组试验。试验 1 针对移动端普及率进行对比试验，根据通信运营业统计公报，东部地区移动电话用户比重最高，以东部地区省份作为处理组。试验 2 针对经济发展水平进行对比试验，选取人均 GDP 排名前十的省份作为处理组。试验 3 针对产业创新投入进行对比试验，选取人均 R&D 投入量大于 2000 元人民币的 6 个省份作为处理组。试验分组情况见表 5–4。

表 5–4　试验分组情况

试验分组	试验 1	试验 2	试验 3
处理组	东部 11 个省份	人均 GDP 排名前 10 的省份	人均 R&D 投入大于 2000 元的 6 个省份
控制组	其他 19 个省份	其余 20 个省份	其余 24 个省份

研究结果表明，4G 牌照发放的政策效应在 1% 的水平上正显著，即 4G 牌照发放明显推动了“绿水青山就是金山银山”的践行，且移动端普及率越高、人均 GDP 越高、人均 R&D 投入越高的省份，4G 牌照发放的政策效应越明显。试验 1 说明东部地区由于移动普及率高，4G 牌照发放对东部地区的政策效应为 2.24%，试验 2 说明 4G 牌照发放对人均 GDP 较高的省份的政策效应为 2.17%，试验 3 说明 4G 牌照发放对产业创新投入较高的省份的政策效应为 2.39%。

2013 年底工信部发布 4G 牌照，为了考察 4G 牌照发放后政策效应的年度变化，本报告引入 2014–2017 年与地区虚拟变量的交互项，观察其时间效应。结果显示，2014 年与地区虚拟变量的交互项均不太显著，这是因为 2014 年为政策出台的第一年，对于广大消费者来说，4G 发牌并商用并不意味着 4G 的普及，从发牌商用到广泛普及需要经历一个发展过程，而在这个过程中会遇到网络深度覆盖、4G 终端普及、成本下降以及 4G 资费下调等一系列问题[①]。从 2015 年开始，双重差分模型的交互项系数显著为正，且从 2015 年到 2017 年交互项的系数成增长趋势。

① 张慧萍 .4G 时代图书馆移动 APP 应用研究［J］. 图书馆学刊，2014，36（07）：110–112.

五、结论与政策建议

（一）结论

其一，公众参与对“绿水青山就是金山银山”的践行起到了一定程度的推动作用，且不同类型的公众参与方式对“绿水青山就是金山银山”践行的影响作用存在显著差异：以百度搜索衡量的公众舆论对“绿水青山就是金山银山”践行的积极影响效果最大，生态环境类社会组织的影响效果次之，以信访、写信和人大政协提案衡量的公众意识对“绿水青山就是金山银山”践行效果的影响作用最小。

其二，不同类型的公众参与方式对“绿水青山就是金山银山”践行的影响存在区域性差异。公众舆论对东中西部三个地区“绿水青山就是金山银山”践行的影响都较为显著，对东部地区的影响最为显著，且高于全国综合水平；社会组织对东部地区和中部地区“绿水青山就是金山银山”践行效果的影响较为显著，对西部地区“绿水青山就是金山银山”践行效果无显著影响，且对东部地区“绿水青山就是金山银山”践行效果的影响显著大于中部地区；公众意识仅对西部地区“绿水青山就是金山银山”践行效果有显著影响，对东部和中部地区无显著影响。

其三，移动互联网的普及对“绿水青山就是金山银山”的践行具有推动作用，4G 牌照发放的政策效应为正，且移动端普及率越高、人均 GDP 越高、人均 R&D 投入越高的省份，4G 牌照发放的政策效应越明显，这说明经济发展水平越高、信息技术水平越高的地区受 4G 牌照发放政策影响越大，而对于发展相对落后的地区来说，由于基础设施落后，移动互联网的普及对其影响较小。

（二）政策建议

1. 分区域实施差异化的公共财政建设和投入政策

政府应该充分认识公众意识、生态环境类社会组织和公众舆论等公众参与方式在“绿水青山就是金山银山”践行过程中的重要作用，以及不同公众参与方式在不同地区的不同影响，针对不同公众参与方式对各地区影响的不同，有所侧重地发展适合地区的公众参与方式，合理进行地区公共财政建设和投入。

政府应该针对不同形式的公众参与方式进行对口帮扶。公众舆论对东中西部地区“绿水青山就是金山银山”践行均具有显著的推动作用，然而，我国基于移动互联网的公众参与尚不成熟，偏远地区移动互联网的普及率低，网络办公、电子化办事的机制有待完善。针对中西部地区移动互联网普及率不高的问题，应该加快线路铺设，从基础设备、技术支持等方面提供帮扶。生态环境类社会组织对践行“绿水青山就是金山银山”也具有显著的推动作用，应该增加对社会组织的资金、人员支持，引导社会组织规范健康的运行，为推进“绿水青山就是金山银山”践行提供动力。

政府应该充分考虑地区之间的发展差异和资源环境存量差异，因地制宜地为各地区提供支持和投入。我国各地区之间财力水平差距大，这在一定程度上导致了各地区“绿水青山就是金山银山”践行效果和公众参与效果的差异。因此，政府可以从成本收益的角度鼓励公众参与，对于中东部经济发达的省份如北京、山东、上海、浙江、江苏等地区，提高“绿水青山就是金山银山”践行的精神收入，而对于西部落后省份如西藏、青海、甘肃等地则提高“绿水青山就是金山银山”践行的物质收入。此外，政府可以通过完善财政转移支付制度弥补偏远地区践行“绿水青山就是金山银山”和生态环境治理资金的短缺。一方面，应畅通资金拨付渠道，中央政府通过转移支付支持全国性“绿水青山就是金山银山”践行项目，而地方政府则需要承担部分区域性的“绿水青山就是金山银山”践行项目；另一方面，应完善财政转移支付制度监督审核机制，确保资金的有效利用，防止滥用资金滋生贪污腐败问题。

2. 发挥移动互联网的重要作用，引导公众理性参与践行“绿水青山就是金山银山”

根据公众参与对“绿水青山就是金山银山”践行效果的地区差异，东中部地区应该充分发挥公众舆论和社会组织的积极作用，创新传统信访和人大政协提案等公众参与方式对“绿水青山就是金山银山”践行效果的影响；西部地区继续保持公众意识在“绿水青山就是金山银山”践行中的重要作用，同时尝试拓展公众参与渠道，在关注经济发展的同时，引导公众参与网络舆论，增强主体责任感，营造清朗的网络舆论环境，让公众理性参与践行“绿水青山就是金山银山”。

随着移动互联网的更深更广普及，网络世界纷繁复杂，网络信息庞杂，其中不乏谣言。作为公众参与践行“绿水青山就是金山银山”的重要阵地，政府部门要紧跟时代潮流、创新管理方式、关注网络舆论、提升网络话语权和公信力，从而在应对网络舆论事件时能够游刃有余，参与讨论、及时回应、正确引导。媒体部门应当充分发挥专业优势，扎实调研采访，客观全面报道，为公众提供更多真实有价值的信息，为政府快速高效处理网络舆论事件提供支持。网络舆论的意见领袖具有很强的舆论导向，因此应该增强其责任感，网络舆论的意见领袖应本着理性和科学的原则发布信息，拒绝散布谣言，引起恐慌，误导公众。普通公众则应该积极参与网络舆论，同时要保持理性，增强自身的辨识力，不随意转发散播不确定的信息，文明参与话题讨论。

3. 充分发挥不同主体在践行“绿水青山就是金山银山”中的不同作用，引导践行主体多元化发展

生态环境非政府组织是推进“绿水青山就是金山银山”践行的中坚力量，其可以通过自主开展各种类型的活动，将普通公众聚集到一起，提高公众参与度和参与效率，且社会组织是普通公众和政府部门之间的纽带，既可以及时反映公众需求，也能够协助政府部门提出科学有效的政策，降低政府管理成本。但当前我国生态环境社会组织存在规模小、能力弱、关注少等问题，在践行“绿水青山就是金山银山”的过程中难以充分发挥作用。

从政府的角度来看，首先，政府应该加强对生态环境类社会组织的制度支持，健全相关法律法规，完善相关法律体系建设，为社会组织的发展营造良好的制度环境，引导其健康发展。其次，政府应该为社会组织的发展提供资金和技术支持，保证其高效运作，提高其公共服务采购的力度，增强其公共服务能力，例如，政府可以帮助社会组织招聘、培训专业人才，也可以为其提供专业指导，以提高其参与能力。再者，在践行“绿水青山就是金山银山”的过程中，政府部门应该积极引导社会组织广泛参与，充分考量其提出的意见和建议，加强与社会组织的联系，保持信息畅通，提升社会组织参与践行“绿水青山就是金山银山”的广度和深度。从生态环境类社会组织自身的角度来看，社会组织应该充分认识自身在“绿水青山就是金山银山”践行中的重要作用，不断提高专业化能力，采取多样化的活动形式进行宣传教育，充分发挥政府与公众之间的纽带作用。

4. 促进公众参与的制度化和法制化

完善相关法律法规，明确公众主体地位。相关部门应该尽快完善目前针对公众参与践行“绿水青山就是金山银山”的立法，改善相关法律内容不全面、可操作性差等问题，为公众参与践行“绿水青山就是金山银山”提供法律保障，切实保护公众的参与权、监督权。在完善法律的基础上，政府应该加强公众参与“绿水青山就是金山银山”践行的法制宣传，有效调动公众参与的积极性和主动性，引导公众自发参与，发挥主体职责。

加强公众参与制度化建设。当前我国公众参与制度化程度低，对相关领域立法和政策制定参与较少，基于此种情况，应该提高制度化水平，充分发挥人民代表大会制度、政治协商制度、民族区域自治制度、基层民主自治制度四个基本政治制度的优势，其中，人民代表大会制度是我国的根本政治制度，为公众提供了体制内参与践行“绿水青山就是金山银山”的机会，政治协商制度的实行使得各政党、各人民团体、各少数民族和社会各界代表能够参与到践行“绿水青山就是金山银山”的政策讨论中，民族区域自治制度是指在国家统一领导下，各少数民族聚居地实行区域自治，[①]而基层民主自治制度则为公民提供了直接参与践行“绿水青山就是金山银山”、行使权力的机会。[②]此外，政府部门应该改进管理方式，实现公众参与践行“绿水青山就是金山银山”的流程化，一方面要完善信息公开制度，拓宽公众获取信息的渠道，增加公众对政府的了解，从而增强政府公信力，另一方面要完善反馈机制，对于公众关心的事项或公众提出的意见和建议，政府应该充分考虑，及时处理和回应，畅通政府与公众之间沟通的桥梁。

拓宽公众参与践行“绿水青山就是金山银山”的渠道。政府应该充分意识到公众舆论在“绿水青山就是金山银山”践行过程中发挥的重要作用，为公众提供更多发表观点的渠道和平台，积极引导公众通过正确有效的渠道发表舆论，同时，相关部门应该充分发挥监管职责，落实互联网信息传播方针政策和推动互联网信息传播法制建设，营造和维护清朗的网络环境，在网络安全的前提下进行信息开放。在保持传统信访、人大政协提案等公众参与方式优势的同时，政府应该对现有的参与方式进行多元化创新，开通多种公众

① 中共天津市委党校课题组，杨升祥，张新华，杨肖，任淑艳．道路自信 理论自信 制度自信——中国共产党九十年伟大成就的集中体现［J］．求知，2013（06）：8-11.

② 刘冬．生态文明建设中公众参与主体问题研究［D］．苏州大学，2015.

参与践行“绿水青山就是金山银山”的渠道，采用建立试点的形式总结经验进而大范围推广。

第二节　多元主体参与生态保护

近来年，我国采取了一系列战略措施，加大了生态环境保护的力度，一些生态脆弱地区的环境得到了一定程度的改善。但由于传统的政府环境规制的局限性，生态环境脆弱和恶化的局面仍未得到有效的遏制和改善。因此，寻求新的环境治理手段刻不容缓，而多元主体共同参与环境治理和生态保护的治理方式正显示着独特的优势。政府、企业、公众、媒体应在参与生态保护的过程中，明确自身的职能边界，各司其职，充分发挥各主体的特质，互相协调，互相补充，以便更好地服务于生态保护大局。

一、政府在多元主体参与生态保护中的职能

政府是生态保护当中的最重要一级，是生态文明建设的倡议者，推动者和监督者，其承担着环境立法，环境执法等重要职能。在我国改革开放之后，伴随着经济的高速发展，环境污染问题日益突出，而人民群众对于环境治理的呼声也是越来越高。近年来，以习近平总书记为核心的党中央，站在国家与民族可持续发展的角度，高瞻远瞩的提出了生态文明建设，指出生态文明建设是关系中华民族永续发展的根本大计，生态兴则文明兴，生态衰则文明衰。由此，我国摒弃了粗放式发展的道路，进入了经济与生态并重的新阶段。但由于不同地区之间的发展水平不同，经济发展较弱的地方政府可能更倾向于经济建设而忽视环境保护，从而造成环境的大面积污染。因此，中央政府和各级地方政府应更进一步理清其在环境保护当中的职能，互相协调与监督。

（一）中央政府

1. 完善环境立法

20 世纪 80 年代以来，我国的环境立法进展迅速。从 1979 年《环境保护法（试行）》到 2018 年生态文明入宪，我国已经初步构建了环境法律制度。目前，我国已经颁布的环境资源类法律已达 30 余部，然而，现有的环境法律

并未实现协调经济发展与环境保护的预期效果。究其原因，是由于已有环境保护法律呈现碎片化的特点，不同环境法律之间存在冲突，从而造成某些环境领域的立法空白和执法缺位，客观上影响了我国生态文明建设的实现。为改善环境立法方面的立法认知不清、条文规定模糊、央地职责分工不明等问题，应当坚持环境资源法律的立、改、废并举的原则。[①] 对于实践证明有效的制度安排予以法律化，同时保持与环保政策法规文件的衔接和协调，杜绝“头痛医头，脚痛医脚”的割裂式立法。立法中明晰环境责任制度，明确央地的责任范围。同时，应具体化，规范化环境立法当中的鼓励性、建议性条款，提升环境法律的可执行性和可操作性。中央政府应支持地方政府结合自身经济、社会和环境情况，出台针对国家性环境法律法规进行细化和本土化的地方性环境法律法规，鼓励重点地区先行先试，对于有益的地方经验，可以在全国范围内进行推广。

2. 激励惩罚机制的设立

中央政府应积极探索构建针对地方政府环境保护行为的激励惩罚机制。对于全国范围内的重点生态保护地区，应强化属地负责制度，弱化经济发展在该地区官员政绩考核中的比例。中央可对承担重点生态保护职能的地方政府开展定点监督，定期约谈，巡查等制度，弱化唯经济论的执政思想，加大生态保护在地方政绩考核中所占的比例，在环境保护实践中提拔，选用具有良好环境保护经验和能力的官员。

3. 完善财政政策和货币政策在生态保护中的作用

生态保护是一项系统性、全局性、长期性工程。首先，我国地域辽阔，不同地区之间的资源丰裕程度，经济社会发展程度不尽相同。往往是经济发展水平落后的地区承担着重大的生态保护职责，客观上造成地方政府环境保护积极性不高。国家应加强在不同省市之间，不同区域之间，涉及环境保护和生态补偿资金的统筹整合，加大相关资金向承担重大生态保护职责地区的倾斜，改善其经济发展水平，提高其生态保护的积极性。其次，国家应综合运用财政政策和货币政策，加大对环保行业的支持力度，包括支持企业进行环保技术研发，生产制造技术升级，加快生态保护企业主体的培育。

---

① 鄢德奎 . 中国环境法的形成及其体系化建构［J/OL］. 重庆大学学报（社会科学版）：1-12［2020-04-27］. http：//kns.cnki.net/kcms/detail/50.1023.C.20200324.1647.006.html.

4. 加强环保方面的对外合作

加强在环保领域的对外合作交流是建设生态文明的一个重要手段。中国相关的环境保护起步较晚，在环境立法、环保市场主体和公益组织的发展状况、环保技术研发和利用、公民环保意识培养等方面与国外还存在一定差距。中国在环境保护领域与国外应积极展开合作交流，首先可以引进在环境保护领域具有丰富经验的专家及其他相关监测检测人才，充实我国环保专门技术人才队伍。其次，可以引进国际上先进的环保技术，增强我国环保技术储备。最后，可以尝试引进国际上先进的环保理念，培养我国公民的环保意识，并可引进国际环保基金，使其进入我国的环保行业，为我国带来先进的组织设计和管理经验。

5. 加强学校环保教育，培养环保领域专门技术人才

目前，我国的环保产业发展迅速，相关环保企业数量不断增长，但相关企业面临着环保专门技术人才不足的状况，严重制约了我国环保产业的发展。目前我国的环保人才的培养主体为高职类院校，存在高级环保技术人员不足的问题。国家应统筹我国的教育资源，支持更多本科院校，包括著名高校开设环境保护相关课程，扩大高级环保技术人才的供给，以解决环保企业面临的人才不足问题。

6. 优化生态补偿制度

中央政府应结合国家整体发展战略，综合考虑各地的发展定位、生态保护需求等，重点制定一批重点生态保护地区，实行严格的环境保护制度，不同区域之间依据"谁保护谁受益"的原则实行生态补偿制度，并建立健全机制，确保生态补偿制度的可执行性。在中央政府层面，要对承担生态保护责任的重点地区，加大资金倾斜、政策倾斜，确保该地区的合法发展权益。

7. 推进绿色农业的发展

2019 年，中国耕地面积约为 1.16 亿公顷，占国土面积的 12.7%，是中国陆地生态系统的重要组成部分。近年来，我国的农业生产方式和技术不断进步，粮食产量逐年稳步提高，但农业生产过程中化肥、农药、农膜等大量使用，对耕地土壤条件及我国生态环境造成了重大不利影响。中央政府首先应规范农药化肥等农资行业，支持相关企业进行产品研发，提升产品质量，降低产品对生态环境的影响。其次，中央政府应选定全国粮食生产的重点地区，出台相关政策，鼓励农户减少化肥和农药的使用，推广有机肥、农家肥的大

规模使用以及生物、物理防治在农业害虫防治中的应用。最后，中央政府应提供资金支持，依托相关农业和环境类专业企业，在我国粮食主产区有序分批开展轮耕休耕，土壤修复等工作。

8. 生态政府建设

中央政府应大力建设生态文明政府，成为生态文明建设的示范者。[①]政府应当率先树立生态文明理念，在摈弃与生态文明理念相抵触的不良行为的同时，从绿色政府采购、绿色建筑、绿色办公、绿色出行等方面践行生态文明，对公众起到示范引领作用，促使生态文明理念成为社会的主流价值观。在打造生态文明建设示范者方面，美国联邦政府开展的绿色政府行动计划，在规范建设和实施体制等方面，具有很好的借鉴意义。根据我国的国情，建议从顶层设计入手，按照自上而下的方式，循序渐进推动生态文明政府建设，并将实施绩效向社会公布。这既是对生态文明政府建设的监督，也是对全社会最好的生态文明宣传教育。

9. 优化我国能源结构

我国现阶段的能源消费结构中，化石能源占比大，而化石能源大规模燃烧，产生的二氧化碳及有毒有害气体，是造成我国环境污染的主要原因。因此，进一步优化我国的能源消费结构，减少化石能源的使用或者提高化石能源燃烧效率，对于我国的环境保护和生态文明建设具有重大意义。中央政府应积极制定能源行业的发展规划，在确保我国能源安全的前提下，逐步降低化石能源消费在我国能源消费当中的比例，增加风能、太阳能、核能比例。强化中石油、中石化、国家电网等核心国企在我国能源结构优化当中的支撑性作用，以产业链核心企业，带动智能电网，特高压输电线路等重点工程的核心技术研发改进和建设。

（二）地方政府

1. 进一步健全和完善“绿水青山”和“金山银山”的转化机制

经济发展和环境保护如何取舍和权衡是我国生态文明建设面临的根本性问题。对于这一根本性问题，2013 年 9 月，习近平总书记创造性的提出了“绿水青山就是金山银山”，强调了经济和生态环境保护的协调发展，以及人

① 梅凤乔 . 论生态文明政府及其建设［J］. 中国人口 · 资源与环境，2016，26（03）：1-8.

与自然、经济与社会的和谐发展。地方政府应结合自身实际情况，积极探索将“绿水青山”转化为“金山银山”的体制机制，促进生态环境良好地区将其生态优势转化为经济收入。首先，地方政府可通过发展旅游业，将“绿水青山”商品化，积极将辖区内的经济发达区域和生态优美区域对接，引导游客流向经济欠发达地区，促进不同区域之间的协调发展。其次，地方政府可通过加强辖区内生态良好区域的优质地域农产品的培育，打造农产品地区品牌，积极寻求国家的农产品地理标志登记保护等措施，加快绿色农业的发展。

2. 加强地方环境立法

地方政府应在确保与国家层面环境立法相符及协调的前提下，结合自身定位和资源条件等制定符合自身情况的地方性环境保护法规，作为对国家层面法规的补充。地方环境立法实践中好的经验和做法，可在全国层面进行推广。

3. 加强生态保护的区域合作

地方政府之间，应积极在生态保护方面开展广泛合作。加强生态环境保护整体意识，不能因行政区域的划分而将具有广泛联系的生态环境割裂开来，各管一段，甚至两边均不监管，将某一区域的生态环境置于无人监管的境地。各地理相连的地方政府，应统一思想，广泛合作，打通生态环境监管的“断头路”。各地政府可积极探讨不同行政区域的生态保护交叉监督，交叉执法，提升政府内部的监管执法能力和效率。

4. 设立生态保护专项资金

地方政府内部可积极探讨利用财政资金、社会资金等多种资金来源形式，设立生态保护专项资金。该资金可用来进行内部不同区域之间的生态补偿、环保技术开发企业的资金支持、生态保护社会公众组织的培育等。

5. 保证垃圾分类措施的切实实行

目前，我国很多城市都开始实行生活垃圾分类政策。虽然，全国各大城市推出了自身的生活垃圾分类立法，但在实际执行过程中，由于相关分类意识及配套设施没有跟上，造成很多城市的垃圾分类流于形式。地方政府首先应改进宣传教育形式，积极与企业、媒体和环保组织合作，加强对公众的环保和垃圾分类意识教育。其次，地方政府应加强与垃圾分类、回收、处理、再利用相关的配套设施建设，如垃圾中转分拣场地，处理场地建设，提高垃圾分类处理能力。最后，地方政府应支持相关企业进行垃圾处理设备，处理技术等关键设备和技术的研发。

二、企业在多元主体参与生态保护中的职能

（一）国有企业

1. 争做企业践行生态文明建设的示范者

国有企业是国家大政方针实施的坚实基础，其在我国的经济建设和社会发展中发挥了重大作用。政府对国有企业具有重大影响，在国家提出进行生态文明建设的时代背景下，国有企业应充分发挥自身规模，技术，资金等优势，积极投身于我国生态文明建设，争做生态文明建设的示范者。首先，国有企业应带头遵守环境法律，在企业生产过程中，高标准的执行生态保护相关规定。其次，国有企业应积极对接生态文明建设，从绿色企业采购、绿色建筑、绿色办公、绿色出行等方面，减少资源消耗，助力绿色经济的发展。最后，国有企业应积极承担生态保护的社会责任，通过资金支持，环保宣传教育等多种形式，整合社会上多种环保力量，服务于我国生态文明建设的大局。

2. 优化我国能源消费结构

国家能源行业的重点国有企业，如国家电网、中石油、中石化等，应共同合作优化我国的能源消费结构。电力行业应积极有序的推进发电能源结构的转变，降低火电占比，提升如核能、风能、太阳能等清洁能源的发电量占比。应有序关闭小型环境不达标的火电厂。在电力需求巨大的地区，就近集中建设一批大中型，发电技术先进，环境达标的火电厂。积极探索智能电网建设，加快建设和优化我国的特高压输电线路，将西部的巨大电力资源输往电力需求旺盛的东部。

（二）民营企业

1. 积极满足生态保护相关市场需求

民营企业是我国市场经济中的重要组成部分，其是最具市场感知能力的企业群体，并且数量众多，组织机构设立灵活，能积极适应快速变化的市场需求。民营企业应充分利用自身优势，积极满足生态环境保护过程中产生的大量专业化的市场需求，如大气污染监测、土壤监测与修复、水质监测、农

产品药物残留检测等，作为对政府环保力量的重要有益补充。

2. 加强环保相关技术研发

民营企业作为我国科学技术研发最为活跃的企业群体，其是对政府下属科研机构、高校及国企科学技术研发的有效补充。民营企业首先应积极寻求政府财政、税收等支持政策，加强环保节能技术的研发，环境监测和环境处理技术的改进。其次，民营企业应扩展国际化视野，积极开展对外的交流合作，在全球范围内配置资源，吸引国际上环保领域专门人才，助力中国民营环保企业的科技创新，人才培养和组织管理。

3. 协助政府构建高效可行的废旧资源回收利用体系

废旧资源再生利用是中国循环经济的重要组成部分，同时也是市场前景良好的新型产业，兼具经济、社会、环境多种效应，是缓解资源压力、降低环境污染、推动绿色发展的有效途径①。据《再生资源回收体系建设中长期规划（2015–2020 年）》中的有关测算，2013 年，废钢铁、废塑料、废有色金属、废纸、废轮胎、报废汽车、废弃电器电子产品、报废船舶 8 大品种回收量超过 1.6 亿吨，回收总值接近 4800 亿元人民币；废钢铁、废有色金属、废弃电器电子产品的回收率超过 70%。初步测算，与使用原生资源相比，相当于节约 1.7 亿吨标准煤，减少废水排放 113 亿吨，减少二氧化碳排放 4 亿吨，减少二氧化硫排放 375 万吨。因此，大力推进废旧资源再生利用产业发展，减少资源消耗和污染排放，提升资源的综合利用率对于构建资源节约型，环境友好型社会具有重大意义。民营企业要在废旧资源回收利用方面积极布局，利用废旧资源回收利用产业发展的巨大机遇，培育以行业领军企业为核心的回收利用体系，推动废旧资源再生利用有关的产业新技术、新业态、新模式的蓬勃发展，形成创新驱动的行业发展模式。

三、公众在多元主体参与生态保护中的职能

（一）积极培养自身环保意识

中国是一个人口大国，拥有 14 亿人口，这巨大人口带来了资源的快速消耗和环境的急剧恶化。公众在我国生态文明建设过程中起着举足轻重的作用，

① www.drc.gov.cn/xsyzcfx/

而我国公众的环保意识薄弱，客观上阻碍了生态文明建设的进程。公众首先应通过组织自发的环保宣传等多种活动形式，自觉提升自身的环保意识。其次，公众应自觉遵守环境法律，接受法律和他人监督，从生活小事做起，节约资源，自觉养成良好的垃圾分类习惯。

（二）参政议政意识的加强

公众参与国家环境治理是社会主义民主的鲜明特征，是国家治理体系和治理能力现代化的必要组成部分。公众对于生态文明建设的参政议政，有利于将公众诉求与公众利益体现到国家环保政策制定的过程当中。但是，当前我国公众存在参政议政意识不强，参政议政能力不足，参政议政渠道不畅通等问题。公众应首先加强自身的参政议政意识，从居住社区开始，积极参与各级政府的环保政策制定，积极表达自身诉求。其次，公众应提升自身参政议政能力，以自发的环保团体为主，加强自身环保专业能力的培养，积极从专业知识领域为各级人民政府建言献策。

（三）舆论监督意识的培养

公众的舆论监督功能是公众参与环境治理的重要职能，其是针对政府监管不足和企业环境违法行为的有力约束。公众应积极联合媒体，通过新媒体，互联网等技术，对政府监管不足，政府环保领域的不作为、乱作为以及企业的环境违法行为进行有力的舆论监督，积极合理曝光，规范政府和企业的环境保护意识行为。

（四）环保团体或组织的构建

我国公众参与环境治理能力不足的重要原因就在于其内部缺乏有力的领导核心，有效的环保团体数量严重不足，与国外发达国家相比存在较大差距。目前，我国的环保组织面临着诸如资金不足、专业技术人员缺乏等现实问题，严重制约了我国民间环保组织的发展。要解决公众参与环境治理能力不足的问题，首先要做的就是增强民间环保组织的力量。政府和企业要在政策和资金技术等方面对民间环保组织进行支持，培育壮大我国的民间环保力量。公众应以环保组织为核心，广泛参与环保组织活动，积极履行其舆论监督和参政议政的职能。

四、媒体在多元主体参与生态保护中的职能

（一）加强舆论监督和舆论引导

媒体在多元主体参与环境治理中的首要职能就是舆论监督和舆论引导职能。近年来，随着移动互联网的普及，媒体新闻传播的形式已经发生了巨大变化，从传统的广播、纸质传播，转向了以微博、微信公众号、朋友圈为主的新型传播形式。该种传播形式的出现，大大增强了媒体对于环境违法行为的舆论监督能力。当今，人人都是自媒体，人人都是信息的制造者和传播者。因此，公众可通过多种媒体形式，履行其环保监督职责。

（二）环保宣传教育

媒体是当今公众获取信息的主要来源，其应承担对公众进行环保宣传教育的职能，培养全社会的环保意识。当今，我国的媒体在进行环保宣传时多流于对环保政策、法规的解读，较少关注普通公众获取信息渠道差异及认知能力差异等问题，造成公众在面临海量信息时，较少关注环保信息或是对环保相关政策法规理解不到位。媒体应改进新闻传播形式，认真研究普通公众获取信息的渠道和公众喜爱的新闻形式，用群众喜欢的语言，以短平快的节奏，做好环保宣传的大众教育工作，在全社会形成积极培育环保措施的新风气。

第六章　生态文明建设与科技创新发展

第一节　可持续发展的共建目标

17 世纪末 18 世纪初，西方学者逐渐意识到生态环境容量对经济增长的限制问题，如古典经济学家马尔萨斯提出“自然资源稀缺论”，提出自然环境承载力即将达到人类经济发展的增长极限。① 随着人类工业化进程不断推进，生态文明建设议题也逐渐受到学者的普遍关注，人们对于绿色可持续发展及保护自然资源的生态意识逐渐加强。从文明的发展轨迹来看，人类从原始社会的农耕文明逐渐走向以机械化生产为主要发展驱动力的工业文明，直到发展过程中出现人与自然的内部矛盾加剧，终于开启了生态文明建设的新征程。从技术进步来看，蒸汽机的发明标志着人类进入第一次工业革命，机器代替手工生产的新模式大幅提升了社会生产力的效率。此后人类从电气时代到计算机时代再到如今以知识创新为依托的第四次工业革命的发展，极大地推动了科技生产力的发展。②

在 20 世纪 80 年代，我国曾明确提出，防治环境污染，一靠政策，二靠管理，三靠技术。《中国环境与发展十大对策》也提出：“解决环境与发展问题，根本的出路在于依靠科技进步。③ 科技创新是现代先进发展水平的代表，以科技创新的方式实现绿色生态文明的建设成为未来新模式的出路。黄娟提出科技创新在生态层面、生活层面和生产层面的促进作用，强调科技创新是绿色发展的根本动力和重要支撑④。以国外发达国家为例，美国、欧盟和日本都已从科技创新角度制定了国家生态文明建设的战略目标和计划。⑤ 技术进步在带来社会生产生活效率提升的同时，也为生态环境造成了一定的负面影

---

① 周纪昌 . 马尔萨斯的自然资源稀缺论［J］. 生态经济，2012（05）：22-25+29.

② 王永芹 . 当代中国绿色发展观研究［D］. 武汉大学，2014.

③ 张伟，蒋洪强，王金南，等 . 科技创新在生态文明建设中的作用和贡献［J］. 中国环境管理，2015，7（3）：52-56.

④ 黄娟 . 科技创新与绿色发展的关系——兼论中国特色绿色科技创新之路［J］. 新疆师范大学学报（哲学社会科学版），2017（02）：35-43.

⑤ 蔡木林，王海燕，李琴，等 . 国外生态文明建设的科技发展战略分析与启示［J］. 中国工程科学，2015，17（8）：144-150.

响。生态问题的加剧一方面是由人类在生产过程中对环境所造成的破坏性影响，另一方面是生态自循环能力和自我恢复力减弱。如胡鞍钢等提出“生态贫困”的概念，其主要反映了自然资源储量下降，高投入、高消耗的粗放式经济增长对人类的生存和发展带来负面影响。[①]国外学者普遍认同生态危机理论，认为在资本积累和再生产的扩张过程中对资源的掠夺性消费导致生态出现预警。[②]科技创新和生态文明的共同目标是可持续发展，前者为发展提供社会制度和技术保障，后者为发展提供资源和物质基础，二者之间的协同关系共同为绿色可持续发展提供双重支撑（图 6–1）。

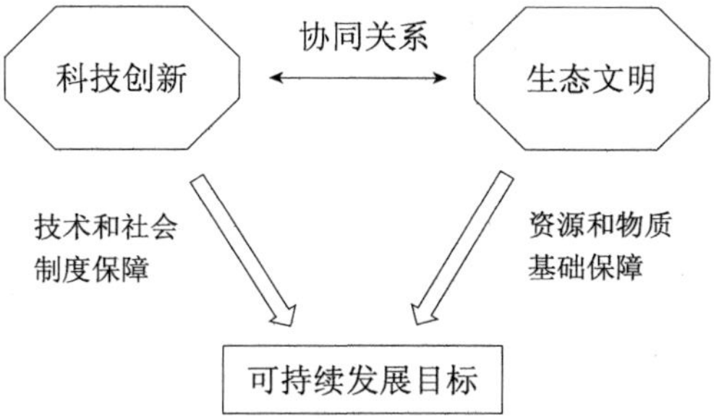

图 6–1　科技创新与生态文明关系示意图

一、可持续发展理论

人类的生存发展方式一直是全球关注的重点问题，学界普遍认同人类历史的发展过程是从生存到发展，再从发展到可持续发展转变的过程，尤其是二战以来，全球的发展观逐步从“增长理论”转向“可持续发展理论”，[③]资源短缺、全球变暖、土壤退化等世界性的生态环境问题日益加剧，可持续发展理论呼之欲出。不同国家对可持续理论有不同的界定，但总结起来，可持续发展理论具有“协调发展、持续发展、公平发展”的本质特征[④,⑤]，体现了

---

① 胡鞍钢，童旭光 . 中国减贫理论与实践——青海视角［J］. 清华大学学报（哲学社会科学版），2010，25（04）：106-112+125+161.

② 蒋南平，向仁康 . 中国经济绿色发展的若干问题［J］. 当代经济研究，2013（02）：50–54.

③ 牛文元 . 可持续发展理论的内涵认知——纪念联合国里约环发大会 20 周年［J］. 中国人口·资源与环境，2012，22（05）：9–14.

④ 罗慧，霍有光，胡彦华，庞文保 . 可持续发展理论综述［J］. 西北农林科技大学学报（社会科学版），2004（01）：35–38.

⑤ 刘传祥，承继成，李琦 . 可持续发展的基本理论分析［J］. 中国人口·资源与环境，1996（02）：7–11.

将未来的资源纳入当下的发展计划中，一方面寻求与生态发展达成双赢的平衡点，另一方面在此基础上追求更高效的生产方式。

二、技术创新理论

技术创新理论（Technical Innovation Theory）首次在《经济发展理论》一书中由奥地利经济学家熊彼特（Joseph A·Schumpeter）提出。熊彼特认为创新就是一种新的生产函数的建立（the setting up of a new product in function），即寻找生产要素和生产条件所能达到最优状态的新组合。熊彼特的技术创新包括以下五个方面：第一，采用一种新的产品；第二，采用一种新的生产方法；第三，开辟一个新的市场；第四，控制原材料的新供应来源；第五，实行一种新的企业组织形式。熊彼特的技术创新理论的意义在于：通过将原有的生产资源进行动态重组，打破过去时态的生产状态，通过产品、组织的内在革新，主动寻找更为进步的新生产模式。

创新理论在发展的过程中具备由内生性向外延性的发展特点。内生性主要体现在以下两点：一个是以艾德·曼斯菲尔德、南希·施瓦茨、克里斯多夫·弗里曼等为代表的技术创新学派，他们强调技术创新和技术进步在经济发展中的核心推动力，提出了包括技术扩散、创新周期等理论模型；另一个是以道格拉斯·诺思、兰斯·戴维斯等为代表的制度创新理论，他们将创新理论和制度理论相结合，提出制度的设计对创新的重要作用。外延性体现在国家创新系统和区域创新系统的提出，有学者扩大了研究视角，认为创新活动不仅与内部的技术进步和制度优化有关，而且还与其他组织之间的相互关系有关。从创新系统到创新生态系统，再到开放式创新的提出，经济学家对于创新的理解已然发生了本质上的突破。

三、帕累托效率改进理论

帕累托优化（Pareto Improvement），也称帕累托改进，是以意大利经济学家帕累托（Vilfredo Pareto）命名的。该理论认为效率最大化的改变路径是：在没有使任何人境况变坏的前提下，使得至少一个人变得更好。一方面，帕累托最优是指没有进行帕累托改进余地的状态；另一方面，帕累托改进是达到帕累托最优的路径和方法。帕累托最优是公平与效率的“理想王国”。从定义上看，帕累托效率是一个动态概念，是一个时刻将系统的效率从非优改进到最优的调整过程。一般来说，达到帕累托最优时，会同时满足以下 3 个条件：第一，交换最优。即使再交易，个人也不能从中得到更大的利益。此时对任意两个消费者，任意两种商品的边际替代率是相同的，且两个消费者的效用同时得到最大化。①第二，生产最优。这个经济体必须在自己的生产可能性边界上。此时对任意两个生产不同产品的生产者，需要投入的两种生产要素的边际技术替代率是相同的，且两个生产者的产量同时得到最大化。第三，产品混合最优。经济体产出产品的组合必须反映消费者的偏好。此时任意两种商品之间的边际替代率必须与任何生产者在这两种商品之间的边际产品转换率相同。

第二节　基于 DEA 方法的科技创新对绿色发展的效率评价

一、方法与模型

数据包络分析（Data Envelopment Analysis，简记 DEA）是运筹学、管理科学和数理经济学交叉研究的一个领域。它是由著名运筹学家 A. Charnes 和 W. W. Cooper 等人以相对效率概念为基础发展起来的一种新的效率评价方法，用来研究具有相同类型的部门或单位间的相对有效性。DEA 的原型可以追溯到 1957 年，Farrell 在对英国农业生产力进行分析时提出的包络思想，因此 DEA 也被称为非参数方法或 Farrell 型有效分析方法。②就其研究思路而言，DEA 方法是把每一个被评价单位作为一个决策单元（DMU，Decision-Making Units），通过对各 DMU 投入和产出比率的综合分析，确定有效生产前沿面（即理论生产函数所描述的生产可能性边界），并根据各 DMU 与有效生产前沿面的距离状况，确定各 DMU 是否 DEA 有效，同时还可用投影方法指出非 DEA 有效或弱 DEA 有效 DMU 的原因及应改进的方向和程度。因此，DEA 对

① Bol G . On the Definition of Efficiency Measures：A Note［M］Measurement in Economics. Physica-Verlag HD, 1988.

② Farrell M J. The measurement of productive efficiency［J］. Journal of the Royal Statistical Society, 1957,（120A）: 125 ~ 281.

各 DMU 的评价不依赖于具体的生产函数形式，仅依靠投入指标与产出指标数据，具有类似“黑箱”问题研究方法的特色。而且，它是将决策单元的输入、输出权系数作为决策变量，从最有利于决策单元的角度即在最优化的意义上进行评价，避免了在平均意义上确定指标权系数，具有内在的客观性。①

（一）基于 BCC 模型的静态效率分析

1. 模型原理

DEA 评价的基本模型包括规模报酬不变的 CCR 模型和规模报酬可变的 BCC 模型。CCR 模型假设规模收益不变（CRS），排除了规模大小对效率值的影响，即将规模效率和纯技术效率合并为一个整体效率——技术效率。而 BBC 模型则放松了对规模收益的约束，仅评价决策单元的纯技术效率，规模效率可以通过比值得出。本报告结合中成药企业科技创新的实际情况，选择投入导向的规模报酬可变的 BCC 模型进行测算。

BCC-DEA 模型是 Banker 基于生产可能集规模收益可变假定而对原始模型进行了拓展。② 该模型的数学原理如下：

设 n 个决策单元的输入、输出数据如下：

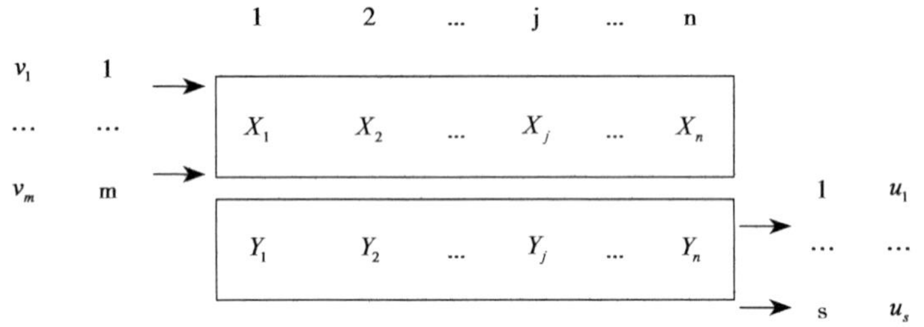

该示意图中的决策单元 j 记为 DM U_j，$1 \leqslant j \leqslant n$；$X_n$ 表示输入的投入量，Y_n 表示输出的产出量，v_m 表示对输入的度量（或称权系数），u_m 表示对输出的度量（或称权系数）

$$X_j = (x_1, x_2, \ldots, x_n)^T，\ j=1，2，\cdots，n$$

$$Y_j = (y_1, y_2, \ldots, y_n)^T，\ j=1，2，\cdots，n$$

---

① 成建萍 . 基于群决策的 DEA 模型及其应用［D］. 西安理工大学，2005.

② Banker R D，Charnes A，Cooper W W. Some models for estimating technical and scale inefficiencies in data envelopment analysis［J］. Management science，1984，30（9）：1078–1092.

$$v=(v_1,v_2,\ldots,x_m)^T$$
$$u=(u_1,u_2,\ldots,u_s)^T$$

X_j 和 Y_j 分别是决策单元的输入向量和输出向量，j=1，2，…，n，均为已知数据，可根据历史资料或统计数据得到。v 和 u 分别是与 m 种投入和 s 种输出的对应的权向量，为变量。

令

$$t=\frac{1}{v^T X_0},\omega=tv,\mu=tu$$

可得其基于投入导向的线性规划式为：

$$(P_{BC^2})\begin{cases} max(\mu^T Y_0-\mu_0), \\ \omega^T X_j-\mu^T Y_j+\mu_0 \geqslant 0,j=1,2,\ldots,n, \\ \omega^T X_0=1, \\ \omega \geqslant 0,\mu \geqslant 0,\mu_0 \in E^1 \end{cases}$$

它的对偶规划为：

$$(D_{BC^2})\begin{cases} min\theta, \\ \sum_{j=1}^{n} X_j\lambda_j \leqslant \theta X_0, \\ \sum_{j=1}^{n} Y_j\lambda_j \geqslant Y_0, \\ \sum_{j=1}^{n} \lambda_j=1, \\ \lambda_j \geqslant 0,j=1,2,\ldots,n,\theta \in E^1 \end{cases}$$

相应的生产可能集为：

$$T_{BC^2}=\left\{(X,Y) \mid \sum_{j=1}^{n} X_j\lambda_j \leqslant X,\sum_{j=1}^{n} Y_j\lambda_j \geqslant Y,\sum_{j=1}^{n} \lambda_j=1,\lambda_j \geqslant 0,j=1,2,\ldots,n\right\}$$

DEA–BCC 模型可反映决策单元的技术效率、纯技术效率和规模效率。技术效率（Technical Efficiency，TE）反映在给定产出水平下单元使用最少投入的能力又称为生产效率（Productive Efficiency，PE）或综合效率，技术效率又可以分为纯技术效率（Pure Technical Efficiency，PTE）和规模效率（Scale Efficiency，SE），PTE 指纯粹由于技术原因引起的效率变化，SE 指纯粹由于规模原因引起的效率变化，三者之间的关系为：TE=PTE × SE。以图 6–2 为例，DEA 模型的评价原理为：CCR 模型假设规模报酬不变，则图中 D_3 决定了有效前沿面（L）的斜率，其规模和技术均为有效，其他不在 L 上的点为非有效决策单元，或规模非有效，或技术非有效，或二者均非有效。BCC 模型假设规模收益可变，图中 D_1、D_2、D_3、D_4、D_5 共同决定生产前沿面（L´），均为纯技术有效，然而 D_1、D_2、D_4、D_5 视为规模非有效，因为这四点不在 CCR 模型的前沿面上，不满足规模报酬不变的条件。

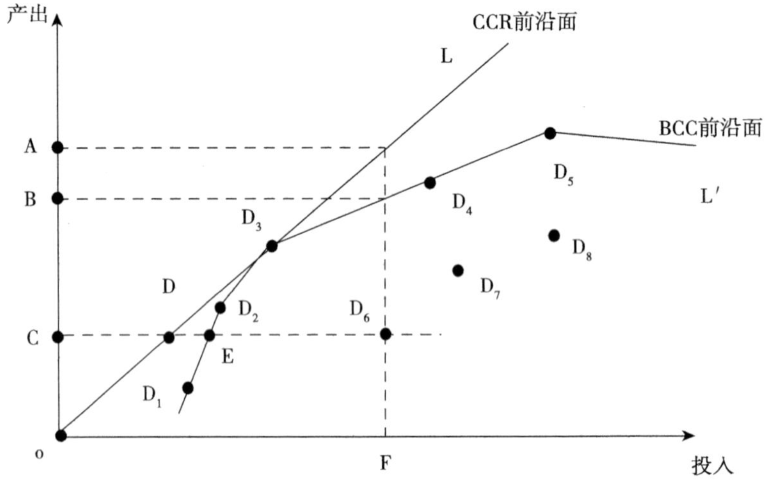

图 6–2　DMU 投入产出分布示意图

为区分上述三种效率及之间的关系，利用基于投入和基于产出的 CCR 模型和 BCC 模型分别计算决策单元 D_6 的技术效率、纯技术效率和规模效率（见表 6–1）。

表 6–1　决策单元 D_6 的效率值

效率值	基于投入	基于产出
综合效率（TE）	CD/CF	OA/OC
纯技术效率（PTE）	CE/CF	OB/OC
规模效率（SE）	TE/PTE	TE/PTE

2. 模型优势对比

从效率的概念出发，“高效”是指单位投入量所带来的产出最大或单位产出所需的投入量最小。测度效率值的常用方法为前沿生产函数法（Frontier Prodution Function），是反映在具体的技术条件和给定的生产要素组合下，决策单元各投入组合与最大产出量之间的函数关系。该方法又分为以下两种：

一种是数据包络法（DEA），另一种是随机前沿法（SFA）。对比两种方法的原理和使用条件（表 6-2），DEA 模型具有以下三点优势：第一，DEA 模型采用的是数学线性规划原理，其计算和拟合过程均以数学定理为依据，相比于参数估计法的 SFA 模型更具有客观性；第二，DEA 模型可用于分析多投入和多产出的评价场景，具有更广的使用范围；第三，SFA 模型是以计量经济学作为方法指导，该方法需要对生产前沿的具体形式进行确认，即对决策单元的数据分布形态具有较高要求，而鉴于本报告的研究对象具有市场化发展的不确定性，不易符合 SFA 模型的要求，因此采用 DEA 模型更具有指导意义。

表 6-2　数据包络法与随机前沿法比较

	数据包络法	随机前沿法
原理	非参数分析法	参数分析法
适用条件	多投入多产出	多投入单产出
模型要求	线性规划	计量模型
前沿面状态	未知	已知

从模型使用过程来看（图 6-3），非参数的 DEA 最优化模型可以直接用决策单元的输入和输出数据，回避了用统计回归的方法确定生产函数的参数问题，同时，非参数的 DEA 最优模型是线性规划的，不仅可以计算，还可以获得较丰富的经济信息和管理信息。[①] 因此采用数据包络（DEA）模型符合研究目标。

（二）基于 Malmquist 指数的动态效率分析

曼奎斯特指数（Malmquist）是针对面板数据进行动态分析的衍生模型，是用来测度生产力的变化情况。该指数也成为全要素生产率（Total Factor Productivity，TFP），是将生产力的变化分解成技术变化和效率变化，其中效率变化又分解为技术效率变化（EFFC）和规模效率变化（SEC）。[②] 该指数可以计算决策单元在时间动态变化过程中的整体生产力前沿面的变化情况，补充了仅由时间序列得出的静态效率值的结果。

① 魏权龄 . 数据包络分析（DEA）[M] . 北京，科学出版社 . 2004：228-229.

② 张红波 . 基于 DEA-MALQUIST 模型的流转中土地利用效率研究 [D] . 哈尔滨工业大学，2016.

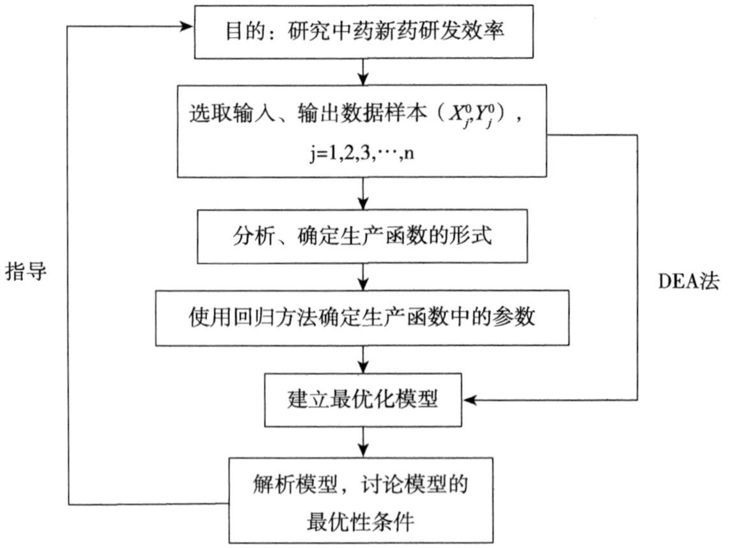

图 6–3　DEA 非参数法的评价优势示意图

Malmquist 指数是指通过一个距离函数进行线性运算，同时采用定向输出和定向输入的方法定义距离函数。①

输出变量的距离函数表示为：

$$D_0(x,y)=inf\{\delta:(x,y/\delta)\in p(x)\}$$

式中变量 x 和 y 分别代表的是输入、输出变量矩阵；$p(x)$表示的是生产效率的可能性集合；δ 是定向输出效率指标的代表变量。因此通过非线性运算可以得出，如果 y 在集合$p(x)$之外，那么函数值就会＞ 1；如果 y 正好处在集合$p(x)$的边界处，那么函数值 = 1；如果 y 包含在集合$p(x)$内，那么函数的值就会＜ 1。

从 t–1 期到 t 时期，Malmquist 指数的函数表达式为：

$$M_0(x_t,y_t,x_{t-1},y_{t-1})=[\frac{D_0^{t-1}(x_t,y_t)}{D_0^t(x_{t-1},y_{t-1})}\times\frac{D_0^t(x_t,y_t)}{D_0^t(x_t,y_t)}]^{1/2}$$

(x_{t-1},y_{t-1})ºÍ(x_t,y_t)分别表示了 t–1 和 t 时期的投入和产出向量；D_0^{t-1}ºÍD_0^t分别是两个时期的距离函数。

① 陈恒，何平，徐睿姝，张长孝．基于 DEA–Malmquist 指数的医药企业技术创新效率评价［J］．科技管理研究，2017，37（09）：69–73.

1978年，Fare等人[①]将规模报酬考虑进生产效率的测度之中，以时期t-1的技术水平为基础的时期t的生产效率Malmquist指数的表达式为：

$$M_{t-1,t}=\frac{D_t^u(x_t,y_t)}{D_{t-1}^u(x_{t-1},y_{t-1})}\times\left[\frac{D_{t-1}^u(x_{t-1},y_{t-1})}{D_t^c(x_{t-1},y_{t-1})}\Bigg/\frac{D_t^u(x_t,y_t)}{D_t^u(x_t,y_t)}\right]\times\left[\frac{D_{t-1}^c(x_{t-1},y_{t-1})D_{t-1}^c(x_t,y_t)}{D_t^c(x_{t-1},y_{t-1})D_t^c(x_t,y_t)}\right]^{1/2}$$

上式中，$D^c(x,y)$与$D^u(x,y)$分别表示规模报酬不变和规模报酬可变情况下的距离函数；$\frac{D_t^u(x_t,y_t)}{D_{t-1}^u(x_{t-1},y_{t-1})}$代表PTEC（纯技术效率变化）；$\frac{D_{t-1}^u(x_{t-1},y_{t-1})}{D_t^c(x_{t-1},y_{t-1})}$代表SEC（规模效率变化）；$\frac{D_{t-1}^c(x_{t-1},y_{t-1})D_{t-1}^c(x_t,y_t)}{D_t^c(x_{t-1},y_{t-1})D_t^c(x_t,y_t)}$表示TC（技术水平变化），且技术效率变化（EFFC）上述效率值之间满足：EFFC= PTEC × SEC；

当$M_{t-1,t}>1$时，生产效率是上升的；$M_{t-1,t}=1$时，生产效率固定不变；$M_{t-1,t}<1$时，生产效率下降。Malmquist指数的值会同时受到TC、EFFC、SEC、PTEC的影响。

二、指标体系的建立

（一）指标选择及数据来源

根据以上原则及前期文献调研，选取如下投入－产出指标体系（表6-3）。产出指标采用课题组前期构建的"'绿山青山就是金山银山'综合指数"，投入指标分别从人员、资本、智力成果三个方面进行选择，最终将反映科技人力指标的研发活动人员全时当量、国际通用反映创新水平的研发经费投入强度以及作为阶段性成果的有效发明专利数这三个指标作为投入指标。

① Fare R, LOVELL C A K. Measuring the technical efficiency of production [J]. Journal of Economic Theory, 1978, 19 (1): 150-162.

表 6–3　DEA 评价指标体系的构建

	指标名称	单位	指标释义
投入指标	研发活动人员全时当量	人年	指研发全时人员（全年从事研发活动累积工作时间占全部工作时间的 90% 及以上人员）工作量与非全时人员按实际工作时间折算的工作量之和
	研发经费投入强度	%	当年研发经费内部支出 / 当年全省 GDP
	有效发明专利数	项	指调查单位作为专利权人在报告年度拥有的、经国内外知识产权行政部门授权且在有效期内的发明专利件数
产出指标	“绿水青山就是金山银山”综合指数	%	课题组前期研究成果，反映生态文明建设情况

投入指标的数据选自中国统计出版社出版的《中国科技统计年鉴》2011 年 –2017 年的高技术产业项下的我国 31 个省份（直辖市、自治区）的统计数据。产出指标的数据源于课题组前期的相关研究成果。

（二）评价原则

根据前期文献研读和分析，本报告所构建的评价科技创新对生态环境影响的指标体系应遵循以下原则：

（1）全面、系统、科学地反映科技创新和生态文明的特点，数据具有可及性；

（2）符合评价方法（数据包络法，DEA）的指标要求（决策单元数量要求达到选取的投入和产出指标数量的两倍；①不宜混合使用绝对数指标和相对数指标）；

（3）评价指标之间应具有显著的相关性，同时需排除指标间的多重共线性；

（三）共线性检验

多重共线性是指自变量之间存在高度近似性，即出现多个指标指代统一含义，存在重复替代现象，进行共线性检验可避免上述问题，从而选出具有较强代表性的关键指标。依照上述构建的投入 – 产出指标，可将产出指标作为因变量，评估投入指标相互之间的共线性。

根据评价对象的不同，将静态效率和动态效率的共线性情况进行分别诊

① 王忻，马永红，王国峰，郑晓齐 . 我国商业银行效率研究［J］. 管理世界，2007（12）：154–155.

断。静态效率将我国31个省份的2011年–2017年情况视为整体，即看成217个决策单元，以此比较相互之间的效率情况。动态评价则从每年变化的视角评估31个省份间的效率。

表6–4　静态分析时的共线性检验结果

	t	Sig.	共线性统计	
			容差	方差膨胀因子（VIF）
（常量）	33.476	0.000		
经费强度	12.671	0.000	0.234	4.276
人员全时当量	–5.750	0.000	0.168	5.966
有效发明专利	–1.228	0.221	0.296	3.384

表6–5　动态分析时的容差和VIF检验

	研发经费投入强度		研发人员全时当量		有效发明专利数	
	容差	VIF	容差	VIF	容差	VIF
2011	0.261	3.826	0.074	13.474	0.096	10.363
2012	0.247	4.045	0.054	18.397	0.068	14.814
2013	0.228	4.387	0.082	12.136	0.105	9.539
2014	0.232	4.303	0.096	10.408	0.121	8.294
2015	0.241	4.146	0.117	8.521	0.158	6.331
2016	0.216	4.640	0.123	8.100	0.168	5.941
2017	0.210	4.766	0.116	8.644	0.168	5.957

表6–6　动态分析时的特征值和条件指标检验

	研发经费投入强度		研发人员全时当量		有效发明专利数	
	特征值	条件指标	特征值	条件指标	特征值	条件指标
2011	0.789	1.971	0.108	5.336	0.037	9.117
2012	0.782	1.987	0.102	5.492	0.026	10.815
2013	0.753	2.036	0.089	5.927	0.040	8.814
2014	0.737	2.060	0.089	5.933	0.046	8.208
2015	0.742	2.047	0.096	5.700	0.056	7.430
2016	0.742	2.048	0.087	5.978	0.057	7.393
2017	0.738	2.058	0.086	6.030	0.051	7.805

识别共线性问题包含以下几个条件①：①容差值（又称容许度，Tolerance）介于0–1之间，值越小，变量间的共线性越强；②方差膨胀因子（Variance inflation factor，VIF）是容差值的倒数，其值介于1–∞之间，其值越大，共线性可能性越大。③特征值接近0，共线性越高；④条件指数≥15说明可能存在共线性，条件指数≥30说明存在严重的共线性。一般认为，VIF<10或容差值>0.1可以认为存在共线性问题。根据这一标准，静态分析的数据之间不存在共线性问题（表6–4），动态分析的数据部分有一定的共线性（表6–5）。但将特征值和条件指数纳入比较后（表6–6）发现，动态数据的共线性较弱。综合上述判断结果，本报告所选取的指标体系和数据来源间不存在多重共线性问题，可用于数据包络模型的评价。

三、计算结果分析

（一）分区域静态结果分析

采用DEAP 2.1软件指标进行计算，对所选指标进行输入导向的BCC（规模报酬可变）DEA模型进行计算。将我国31个省份（直辖市、自治区）根据地理特征分为七大区域（表6–7），每个区域的效率值为该区域内包含省份（直辖市、自治区）的平均值。

表6–7　省份分区对应划分结果

区域	省份
华北	北京
	天津
	河北
	山西
	内蒙古
东北	辽宁
	吉林
	黑龙江

① 卢纹岱.SPSS统计分析（第4版）[M].北京：电子工业出版社.2012：323.

续表

区域	省份
华东	上海
	江苏
	浙江
	安徽
	福建
	江西
	山东
华中	河南
	湖北
	湖南
华南	广东
	广西
	海南
西南	重庆
	四川
	贵州
	云南
	西藏
西北	陕西
	甘肃
	青海
	宁夏
	新疆

1. 综合效率结果与分析

从 2011 年 –2017 年的综合效率结果的平均值来看（表 6–8），效率值排名前三的区域分别是西北地区、西南地区和华北地区，华东地区的综合效率平均值最低。具体分析（图 6–4），西北地区和华北地区的综合效率的平均值偏高，但从 2011 年 –2017 年总体呈逐年下降的趋势，而西南地区在 2017 年的涨幅较大，达 58.14%。其他地区在观测时期内变化起伏不明显，且效率值平均保持在 0.03 左右。

表 6–8　分区域综合效率结果

	2011	2012	2013	2014	2015	2016	2017	平均值
华北	0.2140	0.1568	0.1266	0.1260	0.0658	0.0496	0.0460	0.1121
东北	0.0353	0.0340	0.0353	0.0340	0.0410	0.0353	0.0410	0.0366
华东	0.0191	0.0171	0.0163	0.0153	0.0149	0.0157	0.0150	0.0162
华中	0.0367	0.0337	0.0253	0.0250	0.0220	0.0217	0.0200	0.0263
华南	0.0567	0.0440	0.0407	0.0413	0.0453	0.0467	0.0543	0.0470
西南	0.2294	0.2266	0.2246	0.1948	0.1846	0.1424	0.2252	0.2039
西北	0.2642	0.4008	0.3486	0.2098	0.1518	0.0786	0.0622	0.2166

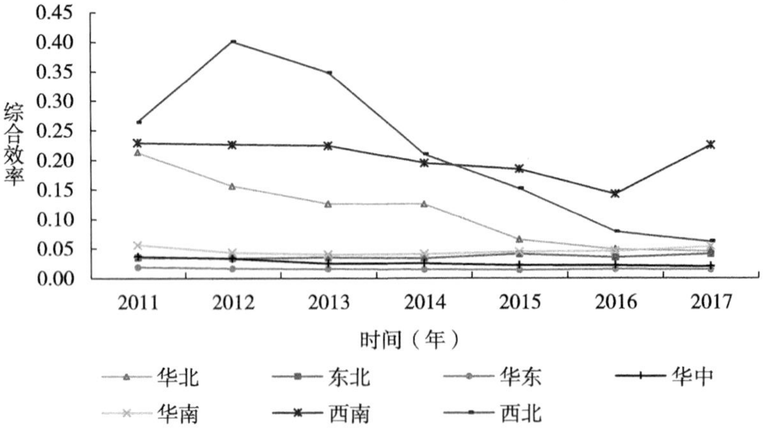

图 6–4　综合效率分区域结果折线图

2. 纯技术效率结果与分析

从 2011 年 –2017 年的纯技术效率结果的平均值来看（表 6–9），效率值排名前三的区域分别是华北地区、西北地区和西南地区，华中地区的纯技术效率平均值最低。具体分析（图 6–5），华北地区和西北地区的走势呈“镜面对称”：西北地区在 2012 年上涨到最高点后持续下降，而华北地区则在 2012 年下降到最低点后持续上升。华南地区整体呈“U 型”变化，其中 2014 年为最低点。华东地区和华中地区在观测时期内整体呈上升趋势。

表 6–9　分区域纯技术效率结果

	2011	2012	2013	2014	2015	2016	2017	平均值
华北	0.4908	0.3388	0.4034	0.4758	0.4622	0.6284	0.6232	0.4889
东北	0.0543	0.0377	0.0423	0.0413	0.0503	0.0540	0.0847	0.0521
华东	0.0653	0.0420	0.0671	0.0976	0.1633	0.2203	0.2716	0.1324
华中	0.0383	0.0350	0.0280	0.0280	0.0273	0.0483	0.1120	0.0453
华南	0.1360	0.0703	0.0550	0.0567	0.1443	0.1897	0.3687	0.1458
西南	0.2390	0.2286	0.2270	0.2286	0.2190	0.1802	0.3040	0.2323
西北	0.4892	0.6130	0.5048	0.2408	0.1822	0.1278	0.1204	0.3255

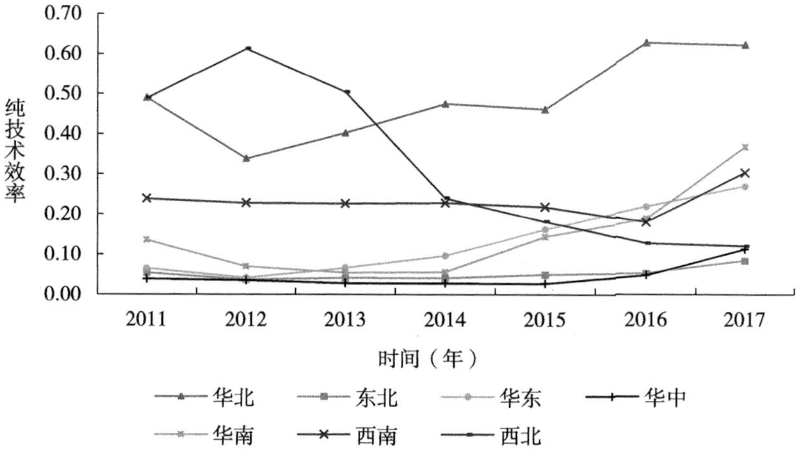

图 6–5　纯技术效率分区域结果折线图

3. 规模效率结果与分析

从 2011 年 –2017 年的规模效率结果的平均值来看（表 6–10），效率值排名前三的区域分别是西南地区、华中地区和东北地区，华东地区的规模效率平均值最低。具体分析（图 6–6），全国各地区的规模效率虽在观测期内整体均呈下降趋势，但效率值普遍高于综合效率和纯技术效率。其中除华北和华中两个地区外，其他地区均在 2012 年出现峰值。华中地区在 2015 年 –2016 年间的降幅达 35.9%，华南地区在 2014 年 –2015 年间的降幅达 37.6%。从规模报酬的变化情况来看（表 6–11），大部分省份在观测期内的规模报酬呈递减状态，说明科技规模增加 k 倍的投入只能给生态环境的成果产出带来＜ k 倍的产出结果。

表 6-10 分区域规模效率结果

	2011	2012	2013	2014	2015	2016	2017	平均值
华北	0.5222	0.5242	0.4604	0.4574	0.3440	0.2176	0.2462	0.3960
东北	0.6140	0.8813	0.8253	0.8130	0.8080	0.6623	0.5110	0.7307
华东	0.4251	0.5340	0.3861	0.3010	0.2164	0.1697	0.1381	0.3101
华中	0.9487	0.9607	0.9220	0.9027	0.8263	0.5293	0.3137	0.7719
华南	0.5240	0.7223	0.6290	0.5827	0.3637	0.2877	0.2543	0.4805
西南	0.8790	0.9476	0.9252	0.8558	0.7538	0.6872	0.6490	0.8139
西北	0.4704	0.6866	0.6066	0.7348	0.7106	0.6574	0.6658	0.6475

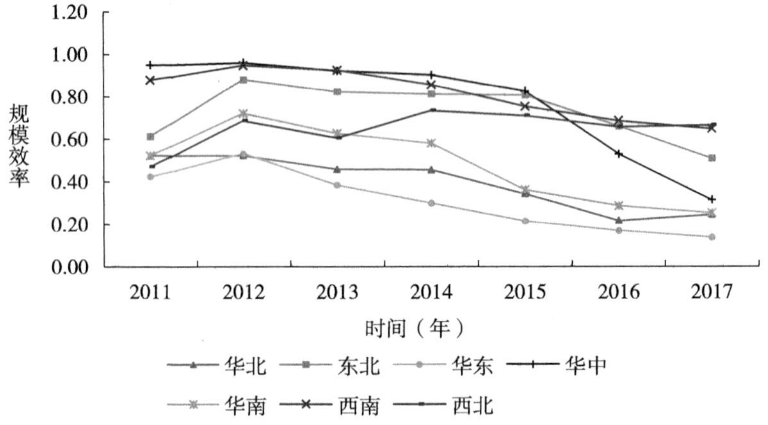

图 6-6 规模效率分区域结果折线图

表 6-11 各省份规模效率及规模报酬变化情况

省份	2011		2012		2013		2014		2015		2016		2017	
北京	0.015	drs	0.024	drs	0.018	drs	0.019	drs	0.018	drs	0.018	drs	0.02	drs
天津	0.12	drs	0.224	drs	0.041	drs	0.034	drs	0.027	drs	0.021	drs	0.02	drs
河北	0.917	drs	0.958	drs	0.937	drs	0.917	drs	0.869	drs	0.703	drs	0.499	drs
山西	0.767	drs	0.763	drs	0.668	drs	0.863	drs	0.632	drs	0.237	drs	0.594	drs
内蒙古	0.792	drs	0.652	drs	0.638	drs	0.454	drs	0.174	drs	0.109	drs	0.098	drs
辽宁	0.553	drs	0.903	drs	0.907	drs	0.896	drs	0.72	drs	0.61	drs	0.457	drs
吉林	0.712	drs	0.96	drs	0.955	drs	0.926	drs	0.889	drs	0.632	drs	0.43	drs
黑龙江	0.577	drs	0.781	drs	0.614	drs	0.617	drs	0.815	drs	0.745	drs	0.646	drs

续表

省份	2011		2012		2013		2014		2015		2016		2017	
上海	0.067	drs	0.142	drs	0.074	drs	0.041	drs	0.027	drs	0.027	drs	0.023	drs
江苏	0.301	drs	0.209	drs	0.115	drs	0.094	drs	0.057	drs	0.051	drs	0.045	drs
浙江	0.331	drs	0.225	drs	0.13	drs	0.1	drs	0.068	drs	0.045	drs	0.045	drs
安徽	0.659	drs	0.91	drs	0.627	drs	0.483	drs	0.241	drs	0.148	drs	0.125	drs
福建	0.517	drs	0.77	drs	0.487	drs	0.43	drs	0.147	drs	0.087	drs	0.06	drs
江西	0.473	drs	0.675	drs	0.859	drs	0.791	drs	0.871	drs	0.765	drs	0.618	drs
山东	0.628	drs	0.807	drs	0.411	drs	0.168	drs	0.104	drs	0.065	drs	0.051	drs
河南	0.942	drs	0.964	drs	0.932	drs	0.894	drs	0.763	drs	0.361	drs	0.12	drs
湖北	0.908	drs	0.965	–	0.929	drs	0.897	drs	0.837	drs	0.365	drs	0.188	drs
湖南	0.996	–	0.953	drs	0.905	drs	0.917	drs	0.879	drs	0.862	drs	0.633	drs
广东	0.529	drs	0.817	drs	0.438	drs	0.242	drs	0.094	drs	0.062	drs	0.048	drs
广西	0.715	drs	0.922	drs	0.913	drs	0.901	drs	0.848	drs	0.667	drs	0.637	drs
海南	0.328	drs	0.428	drs	0.536	drs	0.605	drs	0.149	drs	0.134	drs	0.078	drs
重庆	0.674	drs	0.87	drs	0.802	drs	0.736	drs	0.201	drs	0.114	drs	0.056	drs
四川	0.939	drs	0.944	drs	0.897	drs	0.838	drs	0.818	drs	0.525	drs	0.427	drs
贵州	0.827	drs	0.946	drs	0.956	drs	0.903	drs	0.921	drs	0.922	drs	0.899	drs
云南	0.969	drs	0.978	drs	0.971	drs	0.951	drs	0.907	drs	0.881	drs	0.863	drs
西藏	0.986	drs	1	–	1	–	0.851	drs	0.922	drs	0.994	irs	1	–
陕西	0.416	drs	0.505	drs	0.545	drs	0.287	drs	0.178	drs	0.079	drs	0.06	drs
甘肃	0.507	drs	0.978	irs	0.634	drs	0.972	drs	0.984	irs	0.997	–	0.997	–
青海	1	–	0.81	irs	0.761	irs	0.912	irs	0.966	irs	0.956	irs	0.865	drs
宁夏	0.152	drs	0.14	drs	0.261	drs	0.541	drs	0.483	drs	0.447	drs	0.478	drs
新疆	0.277	drs	1	–	0.832	drs	0.962	drs	0.942	drs	0.808	drs	0.929	drs

（drs：表示规模报酬递减，irs：表示规模报酬递增，“–”表示规模报酬不变）

（二）分省份排名结果分析

采用 Arcgis10 软件对我国 31 个省份（直辖市、自治区）的静态效率值进行作图直观反映，通过排名的方式反映各省（直辖市、自治区）的科技创新投入对生态文明建设产出的效率情况。根据本报告数据的获取情况，选择 2011 年和 2017 年的静态效率结果进行对比分析（图 6–7）。

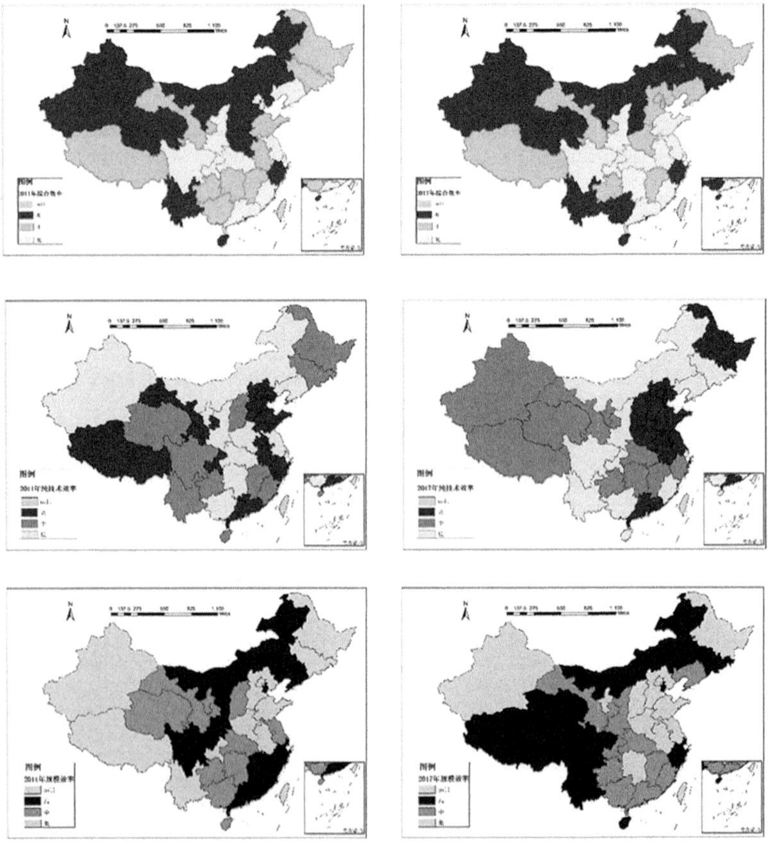

图 6–7　省份间科技创新投入与生态文明建设效率排名分组情况

（注：在上述6幅图中，左列3张图是2011年各省效率情况，右列3张图是2017年各省效率情况；其中，绿色标注的是综合效率TE，黄色标注的是纯技术效率PTE，蓝色标注的是规模效率SE；颜色梯度由浅至深分别代表效率值分组由低到高）

将31个省（直辖市、自治区）的三类静态效率进行分类排名，并将排名结果的1–10、11–20、21–31依次对应至高、中、低三个组别。

从综合效率来看，七年间各省（直辖市、自治区）的效率值的分布变化情况不太明显，总体仍表现出北方地区的效率值普遍高于南方地区，2017年中部偏东南地区的综合效率值为低的组别新增了安徽省和湖南省，但广西壮族自治区在2017年上升为高别组。总结来看，综合效率在2011年和2017年间的效率变化主要表现在高效率组的省份数增多，中部偏东南地区整体效率值下降。

从纯技术效率来看，七年间各省（直辖市、自治区）的效率分布总体呈现由分散分布向集中分布发生转变，如高效率省份的分布由2011年的东西分散分布格局向2017年的东部沿海省份集中分布格局转变；一般效率省份由东西隔离分布向西部地区和中部地区集中分布发生转变。表明纯技术效率值具有较强的地域特征，容易受到地理分布格局带来的影响。

从规模效率来看，7年间各省（自治区）的效率分布格局变化明显，高效率组的分布从北部、中西部和东南沿海省份转变为集中在北部和西南部省份。一般效率级别组的省份更加集中分布在中部地区（除湖南省外）。

（三）动态分析结果

1. 时间维度的动态效率分析

从时间的动态变化情况来看（表6–12），我国31个省份（直辖市、自治区）在2011–2016年的观测期内的全要素生产率（M指数）均小于1，代表在这期间生产率处于下降趋势，而导致下降的主要原因在于技术变化水平和纯技术效率变化的下降。而在2016–2017年间，全要素生产率开始上升（1.004），主要贡献因素在于技术变化水平显著提升（3.409），但技术效率变化（0.295）和规模效率变化（0.292）水平却出现下降。

表6–12　按年份划分动态效率结果

时间	EFFC	TC	PTEC	SEC	TFP
2011–2012年	0.897	1.006	1.002	0.896	0.903
2012–2013年	1.211	0.741	0.99	1.223	0.897
2013–2014年	1.245	0.735	0.973	1.279	0.915
2014–2015年	1.9	0.478	1.01	1.881	0.909
2015–2016年	1.114	0.83	0.936	1.19	0.925
2016–2017年	0.295	3.409	1.01	0.292	1.004
平均值	0.972	0.951	0.987	0.985	0.925

2. 各省份的动态效率分析

从各省（直辖市、自治区）的动态效率变化情况来看（表6–13），我国31个省份（直辖市、自治区）在观测期内的全要素生产率（M指数）平均值＜1，说明生产率整体呈下降趋势，其中，北京、天津、辽宁、黑龙江、上海、江苏、广东、广西和云南等9个省份（直辖市、自治区）的全要素生产率在观测期内的动态效率呈上升趋势。31 个省份（直辖市、自治区）中有 15 个省份的规模效率变化水平上升，有 13 个省份的技术效率变化水平上升，有 6 个省份的技术水平变化上升，有 9 个省份的纯技术效率变化上升。从上升趋势的分布数量来看，观测期内的规模效率的变化情况较好，而技术水平变化情况不容乐观。

表 6–13　按年份划分动态效率结果

时间	EFFC	TC	PTEC	SEC	TFP
北京	1.064	0.999	1	1.064	1.063
天津	1.013	1.003	1.004	1.009	1.016
河北	0.879	1.001	0.98	0.897	0.88
山西	0.842	0.98	0.97	0.869	0.826
内蒙古	0.708	0.945	1	0.708	0.669
辽宁	1.155	0.983	0.985	1.173	1.136
吉林	0.982	0.998	0.996	0.985	0.979
黑龙江	1.056	0.957	0.995	1.062	1.01
上海	1.028	0.998	1.004	1.025	1.026
江苏	1.023	0.998	0.972	1.053	1.022
浙江	0.96	1.001	0.965	0.995	0.961
安徽	0.911	0.998	0.948	0.961	0.909
福建	0.987	0.985	0.981	1.006	0.972
江西	0.961	0.971	0.972	0.989	0.933
山东	0.973	1	0.969	1.004	0.973
河南	0.872	1.002	1.01	0.863	0.873
湖北	0.99	0.995	0.99	0.999	0.984
湖南	0.936	0.986	1.017	0.92	0.923
广东	1.018	1.002	0.983	1.036	1.02
广西	1.079	0.992	1.006	1.072	1.071
海南	0.952	0.923	0.997	0.955	0.879
重庆	0.868	0.967	1.003	0.866	0.84
四川	0.956	1.002	0.964	0.992	0.958
贵州	1.033	0.933	1.006	1.027	0.964
云南	1.016	0.999	1.002	1.014	1.015

续表

时间	EFFC	TC	PTEC	SEC	TFP
西藏	1	0.983	1	1	0.983
陕西	1.046	0.956	0.994	1.052	1
甘肃	1.033	0.847	0.999	1.034	0.875
青海	0.885	0.668	0.909	0.974	0.591
宁夏	1.033	0.703	0.965	1.07	0.726
新疆	0.993	0.844	1.003	0.99	0.838
平均值	0.972	0.951	0.987	0.985	0.925

从上述的结果可以分析，科技创新对生态环境影响的效率结果在效率类型和各地区间存在较大的差异。从效率类型来看，规模效率值无论在静态分析还是动态分析中均高于综合效率值和纯技术效率值，但规模报酬大多呈递减状态，说明规模的扩张已接近饱和期，各省应在技术水平的提升和技术效率的提高上作出改进。从各地区结果来看，华北地区、西北地区和西南地区的静态综合效率和纯技术效率在观测期内整体排名前三，其中华北地区的综合效率逐年下降但纯技术效率呈上升态势；西北地区的综合效率和纯技术效率值近年来均呈下降态势，说明这一地区在科技进步和科技效率上后劲不足。

第三节　走好中国特色绿色科技创新之路

科技创新是现代化发展的必然趋势，也是生态文明建设的基本要求。如何协调好二者之间的关系，提高科技创新活动在生态文明建设过程的效率将成为下一阶段的重点研究方向。

一、生态文明建设是科技创新发展的基本保障

从 2005 年提出的“绿水青山就是金山银山”到 2012 年提出的“大力推进生态文明建设”的战略决策，绿色发展成为现代化建设的基本主题。绿水青山就是金山银山，良好的生态环境是提高人类生活质量的重要前提，也是促进社会经济、科技文化建设稳步发展的重要保障。黄娟在对科技创新和绿

色发展之间的关系做分析的时候提出，科技创新是绿色发展的根本动力，而绿色发展是科技创新的重要方向。[①]在知识经济时代下，科技创新无疑是重要战略方向，而科技发展不能以牺牲环境为代价，要积极培养绿色科技的价值观，牢记在遵循生态文明的前提下大力推动科技创新的发展这一目标。

二、科技创新发展是提高生态文明效率的重要力量

科技创新是现代化社会发展的必然要求，也是生态文明建设过程中最重要的发展动力。科技创新在绿色生态建设中不仅在防治污染、绿色生产、资源节约等方面发挥重要作用，而且在推动生态文明建设效率发展过程中也起到有力影响。从上述效率分析过程可以发现，由技术提高推动效率发展的纯技术效率结果显示，在 2017 年，纯技术效率较高的省份普遍分布在我国的东部地区，这表明科技较为先进的地区在生态文明建设上的效率水平也相对较高。

三、具有中国特色的绿色科技创新发展道路

从自然地理的分布格局来看，中国西部省份普遍呈现地广人稀的状态，生态环境和资源较为丰富，而东部省份则呈现人口聚集、科技进步的另一种状态。由此看来，中国的生态条件和科技创新发展呈现出地理资源分布不均的挑战和矛盾。因此，在科技创新发展过程中强调生态保护和建设目标以及利用科技创新提高生态建设效率是具有中国特色的绿色科技创新发展的道路。

① 黄娟.科技创新与绿色发展的关系——兼论中国特色绿色科技创新之路［J］.新疆师范大学学报（哲学社会科学版），2017，38（02）：33-41.

第七章　国内外生态文明建设优秀案例

课题组撰写了此部分《中外生态文明建设案例集》，综述了国内外在生态文明建设领域的典型案例及典型经验，概括分析了其中具有代表性的有益探索。

生态文明建设与人类命运息息相关。生态文明所包涵的领域众多，影响因素繁多，而且我国先天地理环境复杂，后天发展中又有部分环境破坏的问题，因此，如何把绿水青山可持续地转化为金山银山，成为我国生态文明建设的重大命题。

第一节 国内生态文明建设优秀案例集

2016 年，为贯彻落实党中央、国务院关于加快推进生态文明建设的决策部署，生态环境部在已有的国家生态县、市建设的基础上提出了更进一步的《国家生态文明建设示范县、市指标（试行）》。[①] 这份《指标》从生态空间、生态经济、生态环境、生态生活、生态制度、生态文化六个方面，为国家生态文明示范县、市的建设分别设置了 38 项示范县建设指标和 35 项示范市建设指标。

我国生态文明建设自 2000 年国务院颁发《全国生态环境保护纲要》起，以行政区划为主要单位进行生态建设，在改善区域生态环境质量，促进区域经济社会发展方面成绩斐然。时至今日，环境发生了重大变化，社会发展进入新时代，生态环境保护也不能停留在过去的模式，需要结合已有的建设经验，对过去的生态建设进行升级调整。2016 年的《指标》保留以行政单位为基础的建设规划，在此基础上对具体的生态建设进行了更科学的指导，更加强调区域协调发展，考虑区域差异，因地制宜，强化顶层设计。[②]

《指标》自 2016 年颁布施行，在全国各地的积极参与中，于 2017 年、

① 国家生态文明建设示范县、市指标（试行）[N]. 中国环境报，2016-02-04（005）.

② 强化顶层设计、体现提档升级、考虑区域差异 [N]. 中国环境报，2016-02-04（008）.

2018 年和 2019 年一共产生三批国家生态建设示范市县作为生态建设试点基地，以此为示范指导更多的市县进行生态文明建设。具体名单如下：

表 7-1 国家生态建设示范市县名单

国家生态示范市县名单			
省份	第一批（2017 年）①	第二批（2018 年）②	第三批（2019 年）③
北京市	延庆区		密云区
天津市			西青区
河北省			兴隆县
山西省	右玉县	芮城县	沁源县、沁水县
内蒙古		阿尔山市	鄂尔多斯市康巴什区、根河市、乌兰浩特市
辽宁省	盘锦市大洼区		盘锦市双台子区、盘山县
吉林省	通化县	集安市	通化市、梅河口市
黑龙江省	虎林市		黑河市爱辉区
江苏省	苏州市、无锡市、南京市江宁区、泰州市姜堰区、金湖县	南京市高淳区、建湖县、溧阳市、泗阳县	南京市溧水区、盐城市盐都区、无锡市锡山区、连云港市赣榆区、扬州市邗江区、泰州市海陵区、沛县
浙江省	湖州市、杭州临安区、象山县、新昌县、浦江县	安吉县、嘉善县、开化县、仙居县、遂昌县、嵊泗县	杭州市西湖区、宁波市北仑区、舟山市普陀区、泰顺县、德清县、义乌市、磐安县、天台县
安徽省	宣城市、金寨县、绩溪县	芜湖县、岳西县	宣城市宣州区、当涂县、潜山市
福建省	永泰县、厦门市海沧区、泰宁县、德化县、长汀县	厦门市思明区、永春县、将乐县、武夷山市、拓荣县	泉州市鲤城区、明溪县、光泽县、松溪县、上杭县、寿宁县
江西省	靖安县、资溪县、婺源县	井冈山市、崇义县、浮梁县	景德镇市、南昌市湾里区、奉新县、宜丰县、莲花县
山东省	曲阜市、荣成市		威海市、商河县、诸城市
河南省	栾川县	新县	新密市、兰考县、泌阳县
湖北省	京山县	保康县、鹤峰县	十堰市、恩施土家族苗族自治州、五峰土家族自治县、赤壁市、恩施市、咸丰县

① 第一批国家生态文明建设示范市县名单 [OL]. 中华人民共和国生态环境部 ,2017-09-07.

② 第二批国家生态文明建设示范市县名单 [OL]. 中华人民共和国生态环境部 ,2018-11-20.

③ 第三批国家生态文明建设示范市县名单 [OL]. 中华人民共和国生态环境部 ,2019-11-14.

续表

国家生态示范市县名单			
省份	第一批（2017年）	第二批（2018年）	第三批（2019年）
湖南省	江华瑶族自治县	张家界市武陵源区	长沙市望城区、永州市零陵区、桃源县、石门县
广东省	珠海市、惠州市、深圳市盐田区	深圳市罗湖区、深圳市坪山区、深圳市大鹏新区、佛山市顺德区、龙门县	深圳市福田区、佛山市高明区、江门市新会区
广西自治区	上林县	蒙山县、凌云县	三江侗族自治县、桂平市、昭平县
海南省	琼中县	三亚市	
重庆市	璧山区		北碚区、渝北区
四川省	浦江县	成都市温江区、金堂县、南江县、洪雅县	成都市金牛区、大邑县、北川羌族自治县、宝兴县
贵州省	贵阳市观山湖区、遵义市汇川区	仁怀市、遵义市播州区	贵阳市花溪区、正安县
云南省	西双版纳傣族自治州、石林彝族自治县	保山市、华宁县	盐津县、洱源县、屏边苗族自治县
西藏自治区	林芝市巴宜区	林芝市、亚东县	昌都市、当雄县
陕西省	凤县	西乡县	陇县、宜君县、黄龙县
甘肃省	平凉市	两当县	张掖市
青海省	湟源县		贵德县
新疆自治区	昭苏县		巩留县、布尔津县

2017年9月21日，在全国生态文明建设现场推进会上，生态环境部命名浙江省安吉县等13个地区为第一批“绿水青山就是金山银山”实践创新基地，并在这些地区深入探索可复制可推广的生态文明建设模式。这些实践基地在依托生态资源发展生态经济、推动绿色发展方面有良好基础，绿水青山与金山银山互促共进成效明显，可大致分为四类：

第一类，积极发展资源节约、环境友好的新产业、新业态、新模式，探索生态经济化、经济绿色化的有效路径，打造生态和经济良性互动的绿色发展方式。代表有浙江省安吉县、江苏省泗洪县、江西省靖安县、陕西省留坝县。

第二类，针对主要生态环境问题不断推进自然生态修复工程，改善生态环境质量、营造绿水青山，为社会经济发展和生态文明建设打下基础，以绿水青山保障金山银山。代表有河北省赛罕坝机械林场、山西省右玉县。

第三类，围绕生态资产保值增值，使群众共享绿水青山保护成果，增强群众实践“绿水青山就是金山银山”的获得感。典例有浙江省衢州市、广东省东源县、四川省九寨沟县。

第四类，以制度创新引领生态文明建设，建立体制机制保障，培育拓展依托绿水青山实现生态价值的路径机制。浙江省湖州市、安徽省旌德县、贵州省贵阳市乌当区。

一、浙江省安吉县——水生态文明建设示范

浙江省是“绿山青山就是金山银山”理论的发源地之一，在生态文明建设方面有许多先进的实践经验。浙江省安吉县长期坚持“生态立县”战略，打造生态经济新形态，走出了一条“绿水青山就是金山银山”之路。安吉县生态文明建设的客观条件有：一是自然生态禀赋，有丰富的自然资源，包括水资源、土地资源、森林资源；二是地理区位优势，交通便利；三是20世纪80年代的经济转型大背景。[①] 这些条件加入政府意识并成为政治决断后，安吉县的生态文明由此发轫，具体有三个阶段：1999–2003年的筹谋启动阶段，2003–2007年的生态县创建阶段，2007–2015年生态文明建设试点示范区阶段。经过15年的生态文明建设，安吉县的绿水青山转变为金山银山已初有成效，并且围绕生态文明建设，安吉县在制度层面也不断完善和落实[②]。

（一）安吉县生态文明建设措施

（1）转变以GDP为主的考核方式，制定《安吉县生态文明先行示范区建设工作实施方案》和《部门目标责任考核办法》。依据生态文明建设指标将考核内容细化，由县生态文明办负责对相关部门目标任务完成情况进行考核，并将结果纳入综合考核，作为考评依据之一。

（2）建立健全自然资源生态环境管理制度。统筹规划、综合运用多种技术，安吉县在2015年调整全县土地利用规划，让禁止建设区由原规划的19%提高至52%，占用耕地比例由原规划65%下降至51%，坡度6度以下优质基

① 单锦炎．行走在美丽之间——美丽中国的安吉实践［M］．北京：人民出版社，2014.

② 光明日报调研组．生态文明建设的“安吉密码”——浙江省安吉县践行“绿山青山就是金山银山”重要思想调研［N］．光明日报，2017.12.01

本农田净增加万亩。

（3）实施自然资源离任审计制度。把审计内容细化到土地、水、森林资源管理和矿山生态环境治理、生态环境保护等领域。目前正推进编制自然资源资产负债表工作，建立更加常态化、标准化、规范化的自然资源资产离任审计制度。

（4）通过税收政策调整产业和企业布局。通过调整城镇土地使用税政策，以“亩产税收”衡量企业项目效益，淘汰高能耗、高污染、低产出的落后产能和劣势企业；依据“亩产税收”贡献，综合企业排污、安全生产等因素，实行“分类分档”“高征高奖”的城镇土地使用税政策，将征收范围按行政区域进行等级划分，提升适用税率，并按照区域、行业、亩产税收等情况，给予0、30%、50%、100%四档减免，由此实现传统工业向生态工业的过渡。

（5）用绿色金融引导绿色产业发展。2016年5月，安吉农商银行在全国地方性小法人金融机构中率先成立首家绿色金融事业部，以绿色信贷的全流程管理作为突破口，通过探索构建绿色组织体系、绿色指标体系、绿色考评体系，不断创新绿色信贷产品，引导全社会更加注重生态环境保护和绿色产业发展。

（6）实现农村“垃圾不落地”。由农户及沿街门店将农村垃圾分类后，定时定点投放，定时清运，桶车对接，密闭运输。2016年11月，制定《农村生活垃圾不落地收集实施办法（试行）》，通过完善垃圾收集设施，规范垃圾收集方式，不断改善村庄卫生环境，成功创建美丽乡村行政村179个、建成精品村164个，12个乡镇实现全覆盖。而安吉县的美丽乡村建设中，以鲁家村的表现最为优异。

（二）安吉县生态文明建设探索范例——鲁家村

自2008年起安吉县开展的美丽乡村建设，不断完善生活基础设施，提高了人们生活的舒适性。安吉县鲁家村也成为了美丽乡村建设中的标兵。原先的鲁家村作为一个经济落后的贫困村庄，只有最原始的小规模耕作农业，没有名人故居、古村落、风景名胜以及主要产业。鲁家村的发展只有从现有的资源中挖掘亮点，从自然角度出发，以创新思路进行乡村建设，最终鲁家村在专业团队的规划设计下，决定发展田园观光农业，确定了“一核、两溪、三区、四村”的总体布局思路和“一院一环三区”的功能布局。

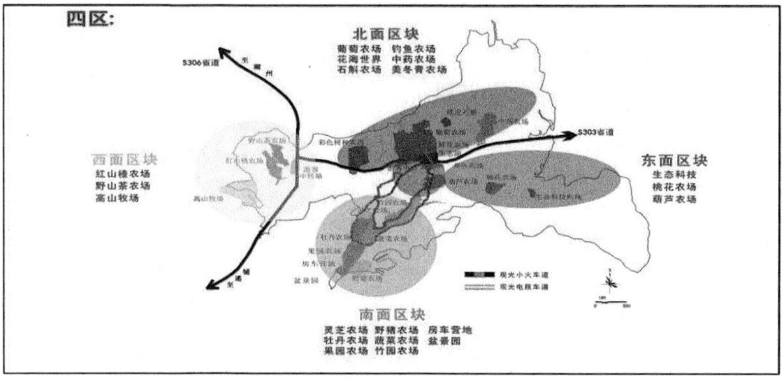

图 7-1　鲁家村家庭农场规划图[①]

郁庆治先生从战略维度、空间维度、社会主义维度的三维角度考察分析安吉县的生态文明建设实践，认为“安吉模式”可概括为一种用“乡村为主的生态化经济”取代“城市为主的工业化经济”的发展转型思路和战略。美丽乡村的建设与乡村旅游的开发相适应，不会有资本过度开发的情况。在空间维度上，安吉县的县域治理具有一定的有效性和局限性，在环境治理和保持上只能维持在县域内，但也得益于此，可以保持较好的生态环境。总之，安吉的发展模式是由政府为主导的，在这个过程中浙江省进行生态文明建设的大背景支持，如 2005 年浙江省启动的“发展循环经济 991 行动计划”，以及党的十七大以来的新一轮“811”行动计划等。

（三）安吉县生态文明建设成果

经历从“工业立县”到“生态立县”的漫长发展，安吉县生态经济初步形成，并成立了一批生态品牌，使资源变资本。向生态要效益，安吉独辟“绿”径，以项目为抓手，加快第一产业“跨二进三”。“一竿毛竹富了一县农民，一片叶子富了一方百姓，一把转椅富了一方经济”，竹子、白茶和转椅，三大绿色产业让安吉农村经济实现了腾飞。安吉县也成为中国第一竹乡、中国白茶之乡、中国椅业之乡。而安吉县的人文资源和自然资源也被开发成为著名的旅游胜地，如：吴昌硕故居、黄浦江源头、安吉竹海国家森林公园、灵峰山森林公园、中南百草园等。

① 图片来源：中小城市发展战略研究院。

安吉县白茶基地

浙江安吉竹海

吴昌硕故居

灵峰寺

图 7-2　安吉县生态文明建设成果

二、山西省右玉县——生态脆弱地区生态文明建设

山西省右玉县位于山西省北部毛乌素沙漠边缘，属于太行山北部丘陵区，地势东西高、中间低，多黄沙覆盖，植被稀少，生态环境脆弱。20 世纪 50 年代，该县地广人稀，水土流失严重，自然灾害频发，生存条件恶劣。面对如此恶劣的生态环境，右玉县第一任县委书记张荣怀在经过深入调研后，决定植树造林，防风治沙。右玉县二十任县委书记在 60 年里开始了率领干部群众治理沙漠化的行动。

（一）右玉县生态修复建设经验

第一，右玉县的生态修复建设经验主要是因时而变，因地制宜。新中国成立初期，右玉县树木稀少，此时的目标是“哪里能栽哪里栽，先让局部绿起来”。20 世纪 60 年代，治理风沙的策略是“哪里有风就哪里栽，要把风沙锁起来”。70 年代初见成效，树木成活率变高，于是坚持“哪里有空哪里栽，再把窟窿补起来”。80 年代，在经过实践后证明部分松树可以适应右玉县的环境，于是改变思路“适地适树合理栽，又把三松引进来”。90 年代，坚持“乔灌混交立体栽，尽善尽美建起来”。进入 21 世纪，围绕生态文明建设，提出“退耕还林连片栽，山川遍地靓起来”。通过科学合理的治理沙漠化，右玉县的森林植被覆盖率显著提高，给当地带来多重效益。①

第二，以文化旅游创收，扩大对外影响力。右玉县加大资金投入，强化宣传营销。成功举办了首届塞上朔州长城国际旅游节、右玉生态国际马拉松、“风情西口·生态右玉”北京摄影艺术展、森林音乐会、第十届世界养生大会康养峰会等活动。并且在人民大会堂举办的“践行‘两山’理论发展生态文化旅游”主题推介会上，与浙江省安吉县、陕西省延安市、河北省塞罕坝林场、新疆自治区阿克苏市成立了“生态文化旅游发展联盟”，共同发表了《右玉绿色宣言》。

图 7–3 右玉县植树活动

第三，生态建设力度进一步加大：完成大片造林 10.24 万亩，封山育林 1.87 万亩，通道绿化提升 15.8 公里，集中连片改造低产低效沙棘林 4 万亩，建设高标准沙棘园 1.28 万亩。森林资源管护不断加强：新聘专职护林员 59 名，组建森林资源保护巡查队，确保了全县森林资源安全。环境治理成效明显：扎实推进“清河行动”，深入开展“大棚房”、河道采砂专项清理整治、柴油货车和散装物料运输车污染治理专项行动，清理河道 3450 米，取缔砂场 10 家，封堵处置入河排污口 4 处，关停违法建设企业 3 家。

① 晋杨春．这座塞上小城，为什么得到习近平点赞？［A］．廊坊市应用经济学会．对接京津——新的时代战略导航论文集［C］．廊坊市应用经济学会，2018：31.

（二）右玉县生态建设成果

在 2010 年的右玉县森林资源数据清查中，右玉县的森林资源带来的经济效益达到 1.9132 亿元人民币，生态效益达到 34.503 亿元人民币，社会效益达到 3.9028 亿元人民币，总计 40.319 亿元。[①] 在生态环境不断恢复的基础上，右玉县也开始生态发展布局。右玉县在同风沙对抗的过程不断完善农业基础设施，是“全国农田水利基本建设先进县”，有利于发展有机农业。同时右玉县也是全国小杂粮基地县之一，农作物以莜麦、谷子、豆类、土豆等为主，小麦、玉米、胡麻为辅，辖区内有 8 个小杂粮产业特色专业乡镇，三大优质粮基地，分别是优质燕麦种植基地、优质杂豆生产基地和优质荞麦生产基地。作为“塞上绿洲”的山西省右玉县也拥有许多可开发的人文景观。为将绿水青山转化成金山银山，展示生态文明建设的右玉特色，重点打造了杀虎口、玉龙文体产业园、右卫古城、苍头河国家级湿地公园四大景区，建设了马营河、杀虎口、樊家窑、二十五湾、康平村等乡村旅游景点，形成了独具特色的西口风情旅游产业，并且带来了旅游增收。

在成为全国生态文明建设示范县这一年里，右玉县深入实施脱贫攻坚和“旅游兴县”两大战略。大力发展富民产业，建成了 3 万千瓦集中式光伏扶贫电站和 2.82 万千瓦联村光伏扶贫电站。推广中药材种植 1.4 万亩，建成 1605 亩高标准现代农业园区、1.1 万亩燕麦优势产业集群、1400 亩鲜食马铃薯生产示范基地、3500 亩小香葱基地。种植燕麦草 1.15 万亩、全株青贮玉米 0.8 万亩，完成青贮窖 5000 立方米、棚圈建设 5000 平方米。培育新型经营主体 180 个、农技推广示范基地 2 个。完成 62 个村的饮水安全巩固提升工程，行政村安全饮水达标率 100%。实施了农村安居工程，完成危房改造 4030 户，极大改善了农民的生活环境。

2018 年右玉县全年完成地区生产总值 72.6 亿元人民币，同比增长 4.5%；固定资产投资 23.6 亿元人民币，同比增长 30.2%；社会消费品零售总额 18.3 亿元人民币，同比增长 8.7%；规模以上工业增加值高于全市 1.8 个百分点；城镇、农村常住居民人均可支配收入达到 24285 元、7870 元人民币，分别增长 6.9%、9.9%；一般公共财政预算收入 4.26 亿元人民币，同比增长 14.9%；

① 郝婷婷．太行山山地丘陵区森林综合效益的评估［D］．北京林业大学，2014.

财政总收入 11.03 亿元人民币，同比增长 15.5%。[①] 在 2018 年 8 月 9 日，山西省扶贫办发布消息，按照中共中央办公厅、国务院办公厅《关于建立贫困退出机制的意见》及中共山西省委办公厅、山西省人民政府办公厅《山西省贫困退出实施办法》有关规定，经县级申请、市级初审、省级核查、社会公示和国家专项评估检查，依据《国务院扶贫办关于反馈山西省 2017 年贫困县退出专项评估检查结果的函》，右玉县达到贫困县退出相关指标，符合贫困县退出标准，经研究，批准右玉县退出贫困县。

这些数据证明“绿水青山就是金山银山”。右玉县的生态文明建设也可以给更多县、市提供经验。

三、广东省东源县——生态文明建设带动脱贫

东源县位于广东省偏北部，由于地理位置、历史遗留和政策方向等原因，经济发展落后。东源县拥有丰富的生态资源和良好的生态环境，是广东省最大的饮用水源保护区，水质优良，森林覆盖率达 73.5%，在人文景观和历史文化遗产、非物质文化资源上有巨大的开发空间。为避免“先发展、后治理”的道路，广东省出台《东源县创建生态文明建设示范县工作方案（2016–2020 年）》希望通过生态文明建设把良好的生态环境转变为社会财富，带领当地贫困人民脱贫。

（一）东源县生态文明建设举措

东源县生态文明建设发展需要在发展经济的同时严守生态环境底线，保障生态环境优势；找准自身发展定位，充分发挥多种资源的优势，建设“经济快速发展，资源高效利用、环境优美清洁、生态良性循环”的经济绿色示范区，并且推进特色农业发展，形成良好的特色农业发展格局；不断挖掘文化旅游资源，提升东源旅游竞争力。建立生态补偿机制，树立生态文明意识。从制度到思想引导人们保护生态环境[②]。

（二）东源县生态文明建设效果

2018 年，广东省东源县创建广东省全域旅游示范区、万绿湖创建国家 5A

---

① 右玉县政府办．（山西省）右玉县 2019 年政府工作报告［EB\OL］．右玉县政府网，2019-3-11.

② 韩瑜，陈桢禄．广东粤北欠发达地区生态文明建设的对策选择——以东源县为例［J］．广东化工，2017，44（13）：139-140.

级景区工作扎实推进。东江野战俱乐部成功创建国家 3A 级景区。森硒湖庄园项目动工建设。新增省级休闲农业与乡村旅游示范镇、示范点 3 个，星级乡村旅游民宿 11 个，旅游厕所 15 个。全年接待游客 922 万人次，实现旅游总收入 65 亿元人民币，分别增长 12.7% 和 17.4%。完成盐东共建现代物流园征地 2000 亩，绿然灯塔农产品物流园完成现货交易区主体工程建设。成功举办物流园招商推介会，与林安集团等一批大型物流企业达成合作意向。在生态农业方面，东源县国家农业可持续发展试验示范区绿色农业先行先试工作扎实推进。完成粮食生产功能区划定 15.75 万亩，建设高标准基本农田 2.85 万亩。成功创建板栗省级现代农业产业园，茶叶产业园入选第一批市级产业园。板栗、茶叶等优势特色农产品种植规模持续扩大，东源板栗入围全国 30 个“一县一品”扶贫产品。新增市级以上农业龙头企业 14 家、家庭农场 45 家、“三品一标”3 个。成功举办茶叶、板栗推介会，东源特色农业品牌效应进一步显现。广东省东源县还制定实施《东源县践行“绿水青山就是金山银山”发展理念行动方案（2018-2021 年）》，大力推进国家生态文明示范县建设。基本完成全县森林经营规划编制。新丰江国家森林公园、广东康禾温泉国家森林公园、万绿湖国家湿地公园、东江国家湿地公园保护管理有效加强。新增镇级森林公园 2 个、乡村绿化美化工程示范点 22 个。深入开展绿化东源大行动，完成各类造林抚育任务 16277 亩。

2018 年东源县实现地区生产总值 132.34 亿元人民币，同比增长 7.8%，增速在全市各县区排名第一位；规模以上工业增加值 38.17 亿元人民币，增长 6.5%；地方一般公共预算收入 9.57 亿元人民币，增长 8.6%；税收收入 18.71 亿元人民币，增长 22.8%；固定资产投资增长 16.1%；社会消费品零售总额 84.99 亿元人民币，增长 10.3%；外贸进出口总额 44 亿元人民币，增长 17.8%。城乡居民人均可支配收入 17307.6 元人民币，增长 9.2%。[①]2016 年以来投入使用扶贫资金 5.6 亿元人民币，实施村公益项目 669 个，贫困户脱贫增收项目 24246 个，2018 年达到脱贫标准 4433 人，3 年累计脱贫人口 22128 人，脱贫率达 82.6%。

东源县的生态文明建设对于一些区域内发展不平衡的落后地区有制度建设方面的启示，如何在先富带动后富但不以牺牲生态为代价而是建立生态补

---

① 东源县政府办 .（广东省）东源县 2018 年政府工作报告［EB\OL］. 东源县人民政府，2019-03-27.

偿机制提供案例。

四、安徽省旌德县——森林生态文明建设

安徽省由于得天独厚的气候条件和水土资源，因而拥有丰富的森林资源。在安徽省的发展改革中，先后实施林业“三定”改革（稳定山林权属、划定自留山、确定林业生产责任制）、全民义务植树运动、“五八”造林绿化规划、林业第二次创业、万里绿色长廊工程、森林生态网络系建设、退耕还林工程、集体林权制度改革、千万亩森林增长工程等，这形成了安徽省可持续发展的重要基础。

（一）安徽“林长制”的探索

旌德县位于安徽省东南部皖南山区，地形南北长，东西窄。全县国土总面积 9.07 万公顷，其中林业用地面积 6.52 万公顷，占 71.9%。森林覆盖率达 65.83%，林木绿化率达 69.27%，是典型的“山区小县，林业大县”。2016 年，安徽省在生态文明建设中围绕“绿水青山就是金山银山”要保护好山和水的生态理念，提出了“河长制”和“林长制”。旌德县坚持“1155”发展思路，在安徽县级层面率先探索推行林长制，构建责任明确、制度健全、问效追责的森林资源保护体系。此外，还结合自身发展实际，创新林长制“1+1+N”体系，县级林长承担宏观职责，抓“1+1+N”，“1”指千万亩森林增长工程（沿路森林带、森林长廊），由分管副县长负责，任林长；“1”指沿河森林带，由分管副县长负责，任林长；“N”指若干重点森林，由县委常委分别负责，任林长。林长要树立林区即景区的概念，把自己负责的林区做成 3A 级以上景区。建立林长制联席会议制度，设立林长制办公室，落实“建、管、用”三位一体职责，确定林长制“3+3”职责。明确县、乡、村，政府、集体、个人，建、管、用具体内容。“建”就是要创造绿水青山；“管”就是要守住绿水青山；“用”就是要变成金山银山。①

（二）安徽“林长制”实践模范——孙村镇

林长制的具体实施首先在旌德县的孙村镇取得显著“管绿”成效。孙村

① 推深做实林长制改革 打造生态文明建设安徽样板［J］. 党史纵览，2018（11）：16-19.

镇设立镇、村二级林长，实现了对全镇 78131 亩林地面积管理的全覆盖。将全镇林地面积划分为 4 个镇级林长和 19 个村级林长，分别由镇政府主要负责同志和村两委负责同志担任，同时结合扶贫攻坚工作聘请了 11 名贫困户为生态护林员。在交通要道和各村委会醒目位置安装林长制公示牌 8 个，向社会公布林长名单、负责区位四至、面积、工作职责、监督电话等，实现森林资源保护管理体系全覆盖无盲区。

制定了各林长区域的“一林一策”和《关于建立森林资源管理巡查工作制度的通知》文件，进一步明确各区域的近期工作任务和镇、村两级林长、相关责任单位以及生态护林员的职责，签订了林长制目标责任书。建立了镇级林长制工作巡查办法，从林木采伐、野生动植资源保护、古树名木保护、林地保护、木竹加工企业监管、森林防火巡查、森林有害生物巡查和生态护林员管理八个方面规定巡查开展的相关单位、责任人和巡查周期，将各项工作具体化。对巡查工作中发现的问题在每月召开的林长制工作例会中要求责任单位进行处置。采用森林火灾倒追责任制，细化工作要求，落实包保责任，森林防火责任进一步压实。因巡查制度不落实或落实不到位，造成森林资源重大损失，由镇纪委一律追究相关人员的责任，有效落实了林长制“建、管、用”具体事项。①

围绕“全域旅游”谋化“增绿、增效”，完成各类造林 56.8 亩，森林抚育 4700 亩，退化林修复 500 亩，封山育林 1400 亩，督促碧云村投入 5.5 万元，认真实施村庄广场、道路、河流和庭院绿化，顺利完成森林村庄验收工作；完成集镇道路绿化提升 1.2 公里，补植栽植桂花、红叶石楠等苗木 70 余株；巩固提升森林长廊 5.29 公里；为配合完成国家级马家溪森林公园申报，协助完成碧云村 2369 亩林权流转手续。引导成立家庭林场 6 个，申报省级家庭林场 1 个。

林长制对旌德县发展的带动作用显著。以林长制促进全域旅游，旌德县编制《旌德县森林旅游发展规划》，打造一批森林旅游精品景区，开发森林旅游产品。大力发展林业专业合作社、林业股份制公司、森旅民宿等林业新型经济体，积极探索森林经营利用新模式。以林长制力推扶贫，充分利用好国家级林下经济示范基地招牌，加快林业特色优势资源产业发展，大力发展林

① 刘俊 . 孙村镇：林长制推进生态文明建设［EB\OL］. 旌德县人民政府，2017-12-25.

下经济，重点抓好林下中药材发展，延长林业产业二、三产业链，增加就业岗位，结合精准扶贫工作，使农户在家门口就业，力促“百姓富，生态美”，打响“绿色慢城”新名片。

图 7-4　安徽省旌德县马家溪森林公园

安徽省旌德县的建设经验在于制度创新推动生态文明建设，“林长制”的创建为保护森林资源提供一种可行的途径，对于我国多山地丘陵的地区均有借鉴意义。

五、北京市延庆区——森林城市生态文明建设

延庆区森林旅游资源丰富，境内有松山、玉渡山、野鸭湖等 10 个国家和市、区级自然保护区，总面积 55168 公顷，占区域总面积的 27.6%，湿地面积近 3317.4 公顷；城区建有夏都、香水苑等 9 座公园、广场，妫河生态休闲走廊、官厅水库生态库滨带、北山生态休闲观光带和龙庆峡下游森林公园等 10 万余亩的四大生态走廊，在城区周边形成了壮丽的森林景观，拥有良好的生态文明建设基础。

北京延庆区作为首都生态涵养区，始终牢固树立“绿水青山就是金山银山”的理念，而且敢于实践，进行试点创新。延庆不断厚植生态本底，构建生态安全格局，在全力以赴打好蓝天、碧水、净土三大攻坚战的同时，还积极开展各类创新试点，成立了全市首家环保法庭，在北京市率先开展领导干

部自然资源资产离任审计制度。为环境保护提供了更多的实践探索。

（一）延庆区生态文明建设举措

延庆始终坚持保护生态环境就是保护生产力、改善生态环境就是发展生产力的理念，以绿色发展、循环发展、低碳发展着力促进生产空间愈加集约高效、生活空间愈加宜居适度、生态空间愈加山清水秀，不断展现美丽延庆新风貌、创造美丽延庆新奇迹、开拓美丽延庆新未来。

一是实施生态环境保护工程，区域生态环境品质持续优化。在绿化美化方面，实施了京津风沙源治理、建设四大生态走廊等一批生态修复和绿化工程项目，不断巩固造林营林成果，积极推进城乡环境绿化，全区仅城市绿化覆盖率就由 2005 年的 49.4% 提高到 2015 年的 64.17%。在水源保护和水环境建设方面，高标准建设滨河森林公园和官厅水库滨带，强化农村水污染治理，加大对再生水监管，构建垃圾分类收集、再生利用、无害化处理的全过程管理体系，开展生活垃圾“零废弃”管理试点。在大气污染治理方面，加强煤烟污染控制，推动城区全部实现集中供暖；强化机动车污染防治，自主研发“进京机动车环保信息管理系统”，主动淘汰黄标车和老旧机动车；专项整治餐饮油烟、大力控制扬尘污染、严格控制挥发性有机物排放，实施 32 项污染减排工程。

二是实施生态经济提升工程，产业生态化、生态产业化协同并进。在产业生态方面，全面开展企业清洁生产认证，关停 20 家矿山企业和 23 家砂石场，清理 37 家小型煤炭交易市场，淘汰 7 家“三高”企业；实施环境准入制，对预引进项目进行严格的生态环境影响评价，一票否决环境不达标项目。在生态产业方面，以旅游休闲产业为龙头，主动开发生态旅游休闲产品，建设优美自然的生态旅游胜地；以新能源和节能环保产业为主导，改造提升传统优势工业、积极培育生产性服务业，不断提高资源、能源循环利用率；以都市型现代生态农业为方向，积极发展有机、绿色、无公害农业，打造延庆农产品生态品牌，建设首都生态农业基地。10 年来，延庆 GDP 年均递增 10.3%，旅游综合收入年均递增 16.8%，万元 GDP 综合能耗累计下降 43.42%，新能源环保产业占规模以上工业总产值的比重达到 40%，有机农业在延庆农业总产值中的占比提高到 20%，生态建设与产业发展和谐共进。

三是实施生态人居营造工程，山水园林城市更加宜居宜业。在新城建设方面，科学引导城市风格和建设布局，严格控制建筑高度，加强路、水、电、气、热等基础设施建设，强化公共服务功能，努力把延庆新城建成山水相间的生态园林新城和宜居城市的典范。在旧城改造方面，下大力气着重抓好老旧小区、城中村及城乡结合部地区改造建设，统筹市政公用工程设施和公共生活服务设施建设。目前城中心区交通路网、水电管网基本建成，道路雨污分流率达到80%以上，管线入地率达到60%以上，城区承载能力日益提高。

四是实施生态文化培育工程，公众生态文明素养显著提升。在媒体宣传方面，利用区电视台、微信公众号等媒体，普及生态环保知识、宣传环保典型人物和事迹、曝光不文明的行为和事件。在社会宣传方面，成立“环保宣讲团”，常年进行环保知识宣讲；设立“绿色餐饮宣传员”，引导消费者绿色健康消费；鼓励社区居民积极开展生态公益宣传。在实践方面，把每年6月第3周的周六定为“绿色出行日”，引导城乡居民为生态环境建设和文明进程付诸行动。在多种形式宣传和实践下，群众的生态文明知晓率达到90%以上，初步营造了“人人讲生态文明、事事有生态意识”的良好社会氛围。

五是实施生态惠民推进工程，百姓就业民生福祉有效改善。在生态就业方面，结合林业资源管护、水资源涵养等项目，在有机循环、新能源环保、旅游休闲等领域开辟多元化的生态就业空间；整合区域教育资源与力量，持续做好相关组织管理培训；建立生态就业动态认定机制，定期轮岗机制，能进能出的退出机制及区、职能部门、乡镇、村四级统一管理服务机制，不断规范绿色生态就业管理。在生态宜居方面，统筹推进城乡社会保障体系建设，着力改善城乡教育医疗条件，畅通城乡绿色出行通道，持续加强“平安延庆”建设，城乡生态人居环境协调发展。

六是实施生态文明制度创新工程，生态建设制度保障不断增强。在规划设计方面，1996年、2005年、2013年先后编制完成延庆生态示范区规划、生态建设规划、生态文明建设规划（2013–2020年）建议稿。在任务部署方面，2009年制定实施生态文明建设三年行动纲要（2010–2012年），出台有机循环农业、新能源环保产业、乡村旅游产业、群众性生态文明创建活动四个同步的三年行动方案；2013年制定生态文明建设三年行动纲要（2013–2015年）和全民践行生态文明行动方案（2013–2015年）。在工作落实方面，既强化“硬约束”，明确每一阶段的主要任务和工作目标，不断完善生态文明建设目标体系、责任体系、考核体系、评价体系和奖惩机制，成立环保法庭、强化环境监管；又注重增强“软约束”，制定生态道德和行为准则规范，促进更多的人积极参与到维护生态、保护环境的行动中来。以刚柔并济的生态政策和行为准则撑起深化生态文明建设的保护伞。①

（二）延庆区生态文明建设新规划

1. 坚决打好污染治理和环境整治攻坚战。加快完成燃煤锅炉清洁能源改造以及煤转电、煤改气任务，研究制定重型车辆综合管理方案，逐级压紧压实河长责任，统筹做好新城背街小巷治理、浅山地区的违法整治和农村环境综合治理，制定新城“一街一主题”绿化美化方案，打造一批精品主题村庄（社区）、城市公园、景观小品。

2. 做强、做优绿色产业体系。统筹全域旅游示范区、现代园艺产业集聚区、冰雪产业“一轴两翼”、长城文化带等建设，促进农、旅、文体产业深度融合发展；以高端特色产业为主导，大力引进优质企业，做强中关村延庆园第三引擎。

3. 塑造生态城市风貌。编制完善新城总体规划、各乡镇镇区规划和村庄体系规划，严格管控生态空间，绘制生态城市建设科学蓝图，抓紧国家森林城市创建和海绵城市建设试点，以国际一流建设标准推进赛会场馆和设施建设，打造生态精品工程。

4. 积极探索生态文明制度创新。在环保法庭、行刑衔接等方面深化有效做法、提炼成功经验，在生态环境监管执法、生态惠民等方面进一步创新举措，完善生态文明建设考核机制，用严格制度守护好绿水青山。

在 2019 年，延庆区开展了国家森林城市建设工作。②国家森林城市，是指城市生态系统以森林植被为主体，城市生态建设实现城乡一体化发展，各项建设指标达到规定指标并经国家林业和草原局批准授牌的城市。延庆区位于长城脚下，森林资源丰富，生态环境良好。结合延庆区城市发展总体规划，全面整合山地森林、湿地水网、城区绿地、社区森林等多种模式，建立山地森林为主，湿地水网相辅，山体与河流生态廊道相连，城区、平原、山区一体的城市森林生态网络体系，实现延庆区生态资源空间布局上的均衡、合理

① 李志军 . 生态文明建设的“延庆道路”［J］. 环境经济，2016（Z6）：108-111.

② 园林绿化局 . 延庆区部署 2019 年创建国家森林城市工作［EB\OL］. 园林绿化局，2019-03-05.

配置，打造延庆森林城市。

同时全面实施城市森林生态体系、产业体系、生态休闲服务体系、文化体系和支撑保障体系建设工程，着力打造中心城区、重点镇、一般镇和乡村四级宜居宜业宜游人居环境；通过道路绿化、水系绿化、健康绿道等贯通性生态廊道建设，将延庆区城乡公园绿地、森林基底、郊野公园、森林公园、城区街头绿地等其它绿地连接起来，形成功能完备的城市森林生态网络体系；通过实施林业产业富民建设工程，提升农民收入水平；通过大力开展森林生态文化建设，提升生态文明建设水平；通过加强支撑保障体系建设，提升森林城市管理和建设能力。早日形成“青山环绕、森林拥抱、林城相依、林水相融、林园相映、林路相连、林居相嵌”的森林生态格局。

延庆区在创建国家森林城市的基本原则是坚持保护优先，突出师法自然；坚持以人为本，实现森林惠民；坚持城乡一体，统筹发展；坚持特色突出，彰显地方文化；坚持政府主导，引导全社会积极参与。借举办筹办世园会、冬奥会为契机，可以在现有生态绿化空间格局上，延续原有四大生态走廊的绿化基础，进一步优化和完善生态空间格局，形成“一核、一环、三带、五廊、九园、多点”为骨架的城乡一体的近自然森林生态体系。

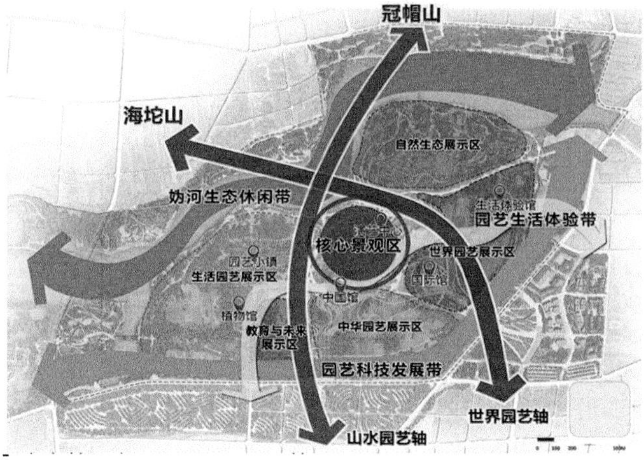

图 7-5　北京延庆区世园会建设规划图

北京延庆区的“绿山青山就是金山银山”实践是多种生态实践的集合体，它在城市生态文明建设上的诸多实践，可以给其他城市的发展提供经验。

六、辽宁省盘锦市——生态文明建设促进经济转型

辽宁省盘锦市是中国第三大油田—辽河油田总部的所在地，也是全国最大的稠油、高凝油生产基地。因此，盘锦市经济发展呈现资源型城市的显著特征，经济增长与油气开采量紧密关联。1996 年以来辽河油田油气开采量逐步递减，随着资源衰退，盘锦市经济社会发展出现了资源型城市衰退期产生的一系列典型问题，经济增速放缓，财政收入、就业安置和生态环境保护、整治等方面压力不断增大，城市可持续发展受到威胁，二次创业和产业转型迫在眉睫。

2007 年盘锦被国家确定为资源型城市经济转型试点市，2008 年盘锦被列入国家首批资源枯竭城市。作为资源型城市经济转型试点，盘锦如何与 140 多万名市民一起转型成为最焦点的问题。盘锦精准地把握地域特点、区域优势，果敢地开启了“向海发展、全面转型、以港强市”的新航程，其中城乡一体化发展被辽宁省政府确定为市地级综合改革试验区。

（一）盘锦的经济转型与生态文明发展之路

第一，把握转型时机，明确城市定位，科学选择产业转型模式。盘锦市对经济转型早认识、早谋划、早动手，在资源衰减但未枯竭前着手转型发展，把握时机，赢得主动权。同时，盘锦市经济转型积极顺应国家发展战略和经济发展阶段变化，按照国家经济结构调整和产业升级的要求，升级、改造原有产业，大力承接全球产业转移，争取众多国家和省级政策、资金支持，为转型发展赢得良好的政策条件和资金扶持。

第二，按照点轴开发模式，打开盘锦发展空间格局。修建向海大道和中华路两条横贯南北的主要交通干线，破除盘锦多点、分散、分割的发展局面，拉开了区域一体化发展的新格局。沿着向海大道和 305 国道主轴，按照“产业集聚、企业集群、分工合作、错位发展”的思路，修建了辽滨经济技术开发区、石油装备制造园和辽宁北方新材料产业园等 9 个园区，高质量、高速度推进基础设施建设，构建承接接续产业发展的重要载体。

第三，稳产油气开采，延伸油气产业链。尽管油气资源日渐衰减，但辽河油田依然是全国十大油田，油气开采和加工业依然是盘锦市的支柱产业。稳产油气开采和加工业将为产业转型提供时间、资源和资金支持。依托盘锦

精细化工（塑料）产业园和辽滨石化产业园等 3 个园，使盘锦形成辽宁省第一个销售收入过千亿的产业集群——石化及精细化工产业集群。

第四，升级改造传统产业，培养新经济增长点，实施多元化产业发展战略培育特色品牌，大力发展生态高效农业和农产品加工业。着力打造盘锦大米、盘锦河蟹两个特色品牌，提高农业机械化水平，加快优质大米、河蟹、畜禽、蔬菜等特色农产品基地和现代农业园区建设，大力发展水稻、水产、蔬菜、畜牧等优势农产品的精深加工。以旅游业为龙头，大力发展旅游、商贸、物流为重点的现代服务业。同时大力发展生物制药、新能源、信息技术等新兴产业。

第五，争取中央和省级政策，资金扶持和生产力优先布局。在国家层面，盘锦市主动纳入国家辽宁沿海经济带开发战略和国家资源型城市经济转型试点市，积极运用国家东北老工业基地振兴政策。在省级层面，盘锦市率先成为辽宁省城乡一体化综合改革试点区、辽滨经济技术开发区，成为辽宁省综合改革试验区。2009 年以来，盘锦市获得资源枯竭型城市财力补助、技术改造、产业发展和园区基础设施建设等方面中央和省级投资补助和贴息资金累计近百亿元人民币，有力地支持了转型发展。同时，一系列重大项目落户盘锦，尤其是重大石化产业项目布局向盘锦市倾斜。

第六，加强政府引导，对外开放引资聚集要素，对内改革放活完善服务。市场难以自发解决资源型城市长期积累的结构性矛盾，必须加强政府引导，搭建转型发展所需的市场条件，充分利用外部市场和资源。盘锦市政府高度重视转型的自觉性和主动性，采取强有力的措施引导全市经济转型和社会转型。通过对外招商引资、吸引人才流入，集聚转型发展所需的要素。不断加强软环境治理，提高政府服务水平，优化投资环境，为各类市场主体提供公开透明、平等竞争、廉洁高效的市场条件，增强市场活力。[①]

（二）美丽农村建设典例——盘锦大洼区

盘锦市大洼区位于辽宁省西南部，辽河下游，辽东湾东北部，是东北地区对外开放的最前沿。过去的盘锦大洼区是很典型的农村，环境脏乱差，农

① 周慧．经济新常态下东北地区城市产业转型问题研究——以资源型城市辽宁省盘锦市为例［J］．环渤海经济瞭望，2016（08）：41–45.

村生活垃圾随意堆放。2010 年起，盘锦市开展了农村环境综合整治工作，多种手段治理环境，给村民普及垃圾分类知识，并建立长效的保洁机制；针对农村生活污水排放不当问题，通过建设分散收集、集中处理的氧化塘，解决了污水横流等问题。这些措施极大改善村民的生活质量，并且为了缩小城乡差距，盘锦市努力补齐农村基础设施和公共服务的短板，实现城乡均等化。盘锦市打造盘锦现代农业，发展特色农产品，打造盘锦大米、盘锦河蟹、盘锦碱地柿子等品牌，由此盘活了盘锦大洼区的农村经济。而盘锦生态文明建设的脚步仍在继续，将农业与旅游结合，盘锦开发了认养农村和农村文旅相结合的发展模式，认养农业实质是订单农业的一种，生产者和消费者（认养人）之间建立一种新型的农业生产和销售关系。消费者预付生产费用，生产者为消费者提供绿色、有机食品。实现农村对城市、土地对餐桌的直接对接[①]。这种模式将传统农业向创意农业升级，实现农业的多样发展，也给农民带来实实在在的收益，还带动周边多类产业的发展，提升盘锦大洼区的知名度。

2018 年盘锦市大洼区充分发挥资源优势，产业发展质量进一步提高。以国家级示范试点为平台推进现代农业融合发展，成功争创大洼稻蟹国家现代农业产业园，获批奖补资金 5700 万元人民币；成功争创“中国好粮油”行动示范区，获批奖补资金 4.3 亿元人民币；国家级出口农产品质量安全示范区创建工作进展顺利，国家农村产业融合发展示范园建设扎实推进。成功举办“品鉴大洼”“葡萄采摘节”等农产品品牌推广活动，不断拓宽网上销售渠道。与阿里巴巴建立农村电商战略合作关系。发放“惠农贷”3.5 亿元人民币。农业龙头企业达到 133 家，农民专业合作社达到 671 家，家庭农场达到 151 家，白家村荣获全国“一村一品”示范村称号。以科技创新为支撑推进工业经济提质增效。不断优化工业经济结构，帝诚科技、意龙冶金等企业新型产品市场份额稳步提升，全区装备制造业主营业务收入增速 10%。东禹防水、新恒远防水等 5 家企业产品成功纳入《辽宁省重点推广引用工业产品目录》。祥宇管道、九鼎防水等 20 家企业成为国家科技部科技型中小企业。盘活存量“双停”企业 14 家，中小微企业实现“小升规”7 家。以红滩绿苇为牵引推进全域旅游风生水起。编制完成全区旅游规划，“作家艺术小镇”“最美新华书店”

① 张文娟 . 盘锦乡村的绿意生活［J］. 中国生态文明 .2017-08-14.

等项目签约落地，全域旅游丰厚度进一步提升。成功举办“红海滩国际生态旅游年”活动，红海滩国家风景廊道与海南天涯海角景区联手建设爱情主题联盟景区。深入实施“引贤下乡”工程，使农村成为干事创业、艺术创作、休闲生活的广阔天地。新增省级以上乡村A级景区6家，杨家村荣获中国美丽休闲乡村称号，石庙子村荣获年度魅力乡村旅游目的地称号。全区民宿接待床位达到4000张，全年接待游客273.3万人次，旅游收入实现14.29亿元人民币。①盘锦大洼区的农业发展是一种更加现代化的农业发展，这对我国广大农村地区的发展提供了成功经验。

七、福建省长汀县——水土流失的生态复建

长汀县地处福建西南部闽赣交界区域，为武夷山脉南段，东西宽66公里，南北长80公里，幅员面积3090平方公里。区内降雨量大，雨季长；低山丘陵地多，地势北高南低，周围高中间低；地形破碎，岭谷相间。县内岩浆岩、变质岩、沉积岩均有分布，地质结构复杂。花岗岩广泛分布地区水土流失极易发生。区域植被类型有针叶林、阔叶林、针阔混交林、竹林、亚热带灌丛、亚热带草丛等，这些植被生长的土壤类型主要为红壤，占土地总面积79.8%，还发育黄壤、紫色土等7个土类；长汀水系发达，河流众多，水土流失严重。长汀县是水土流失历史最久，面积最大、程度最严重的区域。

福建省长汀县分类开展水土流失治理，统筹推进森林和湿地生态系统保护，实现从荒山到绿水青山的转变。早在1940年长汀县就开始了水土流失的治理工作，并设立了“河田土壤保肥实验区”。②但由于投入严重不足，缺乏合理规划，治理效果不明显。2001年，福建省领导下决心“再干八年，解决长汀水土流失问题”。在之后的10多年里，通过采用封禁治理，重建与恢复退化生态系统的植被，小穴播草，等高草灌带构建，草、灌、乔“复合型”植被重建，“老头松”综合改造模式，幼龄果园覆盖——秋大豆治理模式，生态——经济型岗治理模式，草—牧—沼—果循环种养模式等措施，水土流失区的生态环境有了明显改善③。之后，尽管长汀县的水土流失情况明显改善，

---

① 大洼区政府办．大洼区2019年政府工作报告［EB\OL］．大洼区人民政府，2019-01-21.

② 范胜龙，张珊珊，邱凌婧，王培俊，黄炎和．福建省长汀县生态环境建设与经济发展的协调关系研究［J］．中国农业大学学报，2018，23（03）：175-184.

③ 严惠明．长汀县水土流失治理进程与景观生态质量评价［D］．福建农林大学，2014.

但长汀县仍是福建一个贫困落后的山区，因此，长汀县展开了新一轮的治理行动，开展承包山地经营规模化种植农场，自此，长汀的生态赤字逐渐转变为生态效益，农场种植的经济作物，不仅能保持水土，还能带来收益。此外依托生态环境恢复长汀生态旅游业也逐渐发展起来，使人们的可支配收入大幅度提高，带动贫困群众脱贫致富。

（一）长汀县生态文明建设路径

1. 打造龙头企业，培育企业增长极

政府通过财政补贴、税收减免、设施配套等优惠政策大力扶持有利生态和环境的大型农业企业的发展，尤其是积极引进“盼盼”“远山”等省级农业产业化龙头企业，实行大面积、高标准规范化综合治理，既促进了当地经济的发展，同时又保护了生态环境，实现了生态效益、经济效益、社会效益有机结合。此外，凭借大型龙头企业雄厚的资金实力和成熟的市场网络体系，通过“公司＋农户”的形式把众多分散的农户纳入到公司业务营销体系中，一方面既可以保证农产品稳定地供给，同时还可以帮助农户规避农产品收获后的市场风险；另一方面则可以按照公司生态化生产的要求，把农户也纳入到生态化生产体系中，在保证产品绿色化的同时，又可减少或杜绝化肥农药的使用，大大地保护了当地的生态环境。

2. 发展生态产业，培育产业增长极

长汀县地处闽西北山区，山地资源优势明显，在总结历史遗留的环境与生态教训的基础之上，因地制宜发展特色的生态产业。首先，长汀县通过发展“草牧沼果”循环种养生态农业，不仅使大片水土流失区域快速恢复植被，而且有力地带动了区域的经济发展；其次，根据当地的自然气候条件，大力发展花卉产业。例如该县四都镇已建成了花卉苗木基地、元仕花卉专业合作社、亿森家庭农场等，全镇共有花卉苗木基地 1100 多亩；第三，利用山区的森林资源，发展生态养殖业，全县共成立养蜂专业合作社 30 多家，养蜂 1.5 万箱，年产量达 23 万斤，年创产值 1500 万元人民币；第四，利用自然及人文资源，大力发展旅游业。开发客家美食文化和红色旅游，大力推进汀江湿地公园、汀江源龙门风景区、客家山寨丁屋岭景区、归龙山旅游景区等景区的建设。

3. 建设生态产业园、培育空间增长极

实践表明，生态产业园是实现经济增长与环境保护协调发展的重要载体。

经过不断地探索，长汀县如今已逐步建成自然保护与生态休闲观光区、生态宜居城市与历史文化名城保护区、稀土工业与工贸发展区、省级小城镇综合改革试点区、水土保持与生态文明示范区以及生态保护、生态种植与现代农业示范区等六大功能区。其中庵杰乡自然保护与生态休闲观光区已建成长 200 米生态护岸、千亩竹山、千亩茶园、万亩生态莲，形成了一定规模的生态景观带。原来水土流失严重的三洲镇如今已建成万亩杨梅之乡，被列为水土保持与生态文明示范区。此外，长汀县还建立了策武南坑、三洲风流岭“草牧沼果”循环种养生态农业示范区，通过统一规划，硬化道路，种猪供应等系列优惠政策，引导群众发展农业循环经济。

4. 重点突破，充分发挥示范带动效应

长汀县从最为典型最为严重的水土问题着手，把水土流失问题作为政府工作重点进行治理，以点（企业）、线（产业为发展轴）、面（生态产业园）的形式展开全县的生态恢复与建设工作：培育了集经济效益、生态效益及社会效益为一体的生态型龙头企业；结合本地的自然资源优势扶持了许多生态产业的发展，并且建设了以地理空间为载体的各种生态产业园，最后又基于点、线、面组合所取得生态成效的基础，根据《“十三五”生态环境保护规划》的要求，开始了在全县范围内生态示范区的建设，并且还带动了全县各部门围绕着生态建设展开工作，真正做到了全面有效动员，在全县范围内发挥了良好的示范作用①。

（二）长汀县生态复健成果

得益于长汀水土流失的成功治理，如今的长汀蓬勃发展。深入挖掘旅游资源，长汀大规模的湿地逐渐打造成为国家级湿地公园，吸引大批游客，成为汀江生态经济走廊的一大亮点。内有平原，让大规模机械化种植成为可能，在远丰优质稻专业合作社，职业农民傅木清建成工厂化育秧中心，购买了植保无人机，在河田、三洲、濯田 3 个乡镇流转耕地 5000 多亩，种植优质稻，荣获“全国种粮大户”称号。以林下种植、林下养殖、林下产品采集加工、森林景观利用为主的林下经济也快速发展。在濯田至羊牯段生态保护、生态

① 钟明春 . 非均衡理论视域下生态示范区建设的若干思考——以福建省长汀县为例［J］. 环境与可持续发展，2017，42（04）：225-227.

种植与现代农业示范区，龙岩市福润现代农业公司建设蓝莓基地 2500 多亩，年产蓝莓 1 万公斤；策武南坑银杏园，三洲杨梅基地也都有很大收入并带动森林旅游业兴起。

图 7–6　长汀县生态文明建设成果

依托生态环境的大幅改善，长汀县着力推进生态建设产业化、产业发展生态化，做大做强稀土精深加工、纺织服装、文化旅游三个主导产业，全力打造现代农业、医疗器械、电子商务三个重点产业，培育壮大新能源、健康养老两个新兴产业，加快构建 "332" 新产业格局。到 2017 年底，长汀县实现 6199 户 20696 人脱贫，1 个贫困乡（庵杰乡）、16 个贫困村摘帽退出。[①]

2018 年，长汀县全年完成地区生产总值 230 亿元人民币、增长 7.2%。第一产业 32 亿元人民币、增长 3.5%；第二产业 103 亿元人民币、增长 8.8%；第三产业 95 亿元人民币、增长 6.4%。财政总收入 13.4 亿元人民币、增长 22.5%，其中地方财政收入 8.8 亿元人民币、增长 22%，固定资产投资增长 10%。规模工业增长 9.3%。社会消费品零售总额 90.2 亿元人民币、增长 14.1%。外贸出口总值 3 亿美元、增长 3.7%。利用外资 4023 万元人民币、增长 33.7%。城镇居民可支配收入 25430 元人民币，增长 9%，农村居民人均可

① 范启麟 . 绿水青山就是金山银山——长汀实践报告［N］. 闽西日报，2018-10-26（03）.

支配收入15320元人民币、增长9.5%[①]。

长汀的水土流失治理的成功实践对于我国南方水土流失地区是一个很好的案例，其治理措施也具有可推广性。郭为桂[②]先生认为，在长期的治理实践中，长汀不仅探索出科学的治理方法，而且形成了有效的治理机制，更涵养出“滴水穿石，人一我十”治理精神。治理长汀水土流失的成功是善政与善治的产物。要健全体制和保护措施，避免“公地悲剧”的产生。这对生态治理乃至其他公共事务治理有很强的示范作用。

八、浙江省开化县——国家公园的生态文明建设

开化县位于浙江省西北部，地处浙、皖、赣三省交界处，地形以山地丘陵为主，多常绿阔叶林，是钱塘江的水源涵养地。2000年，开化县率先在全国实施生态立县发展战略，转变传统粗放的农林经营模式，发展旅游休闲等低环境影响的产业，2006年，开化最早开启了“绿山青山就是金山银山”转化工作，在建设生态县的目标下发展生态农业、生态工业、生态旅游促进生态环境转化为社会财富，2014年开化争取到国家公园试点，由此展开了更为深入和高质量的生态文明建设，开化的国家公园建设思路是利用较少的面积，保护更大的面积。产业和人口集中分布，大面积保护生态环境。并且生态考核奖惩机制与生态补偿机制也随之跟进。在开化的国家公园建设完成后，5A级景区的效益显现，开化的山水资源逐渐变成山水银行。开化的绿色收入年均50亿元人民币，旅游产业也带动了更多产业的发展，开化的经济效益逐渐显现。

（一）钱江源国家公园建设举措

开化是钱塘江的源头，地处浙皖赣三省七县交界，是国家级生态县，省重点生态功能区。[③]全县森林覆盖率80.7%，拥有大片的原始森林，生物丰度、植被覆盖、大气质量、水体质量均居全国前10位，是全国9个生态良好地区之一。在2015年，开化就开始尝试开展国家公园体制试点，不仅对探索我国

---

① 长汀政府办.（福建省）长汀县2018年政府工作报告［EB\OL］. 长汀县人民政府，2019-01-15.

② 郭为桂. 追寻善治之道——福建长汀水土流失治理经验的考察与分析［J］. 中共福建省委党校学报，2017（07）：18-24.

③ 图片来源：开化县人民政府。

东部地区生态文明建设和河流域地区联动发展具有示范意义，甚至对保障浙江乃至整个东部地区的生态安全都具有示范意义。

开化钱江源国家公园体制试点区面积约 252 平方公里，包括古田山国家级自然保护区、钱江源国家级森林公园、钱江源省级风景名胜区等 3 个保护地，以及连接以上自然保护地之间的生态区域。区域内涉及苏庄、长虹、何田、齐溪等 4 个乡镇，共有 19 个行政村、72 个自然村、9744 人。并依据试点区保护对象的敏感度、濒危度、分布特征和遗产展示的必要性及居民生产、生活与社会发展的需要，将试点区划分为核心保护区、生态保育区、游憩展示区和传统利用区等四类功能分区，制定不同的保护和发展策略，实施差异化管理。

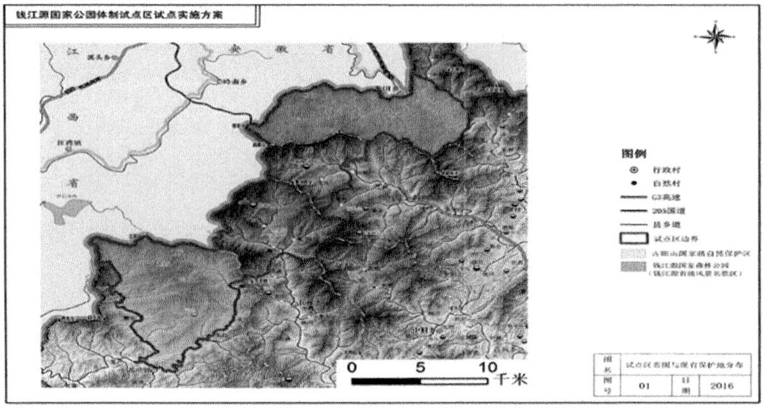

图 7–7　钱江源国家公园试点区实施方案

钱江源国家公园体制试点工作主要围绕构建管理部门职能清晰、自然资源产权明晰、特许经营项目明确、社区发展目标明确、自然资源保护利用相统一的“一体化”管理体系。重点突破探索架设跨行政区域的国家公园保护与管理体系、实现钱江源国家公园管委会对试点区自然资源的“一体化”管理、探索建立完善的特许经营制度等六项重点工作。最终实现对试点区自然资源的“统一、规范、高效”保护与管理。开化县的创建经验主要是国家公园构建生态自觉的生态保护体系、民生构建福祉生态产业体系、品牌构建特许的利益共享体系、综合规章建立专项办法的制度保障体系。

（二）开化县生态文明建设成果

依托良好的生态环境，开化县三大产业稳步发展。2018 年全县生产总值 131.99 亿元，按可比价格计算，比上年增长 6.6%。其中：第一产业增加值 13.09 亿元人民币，增长 3.1%；第二产业增加值 43.44 亿元人民币，增长 4.4%；第三产业增加值 75.46 亿元人民币，增长 9.0%。在第三产业中：交通运输、仓储及邮政业增加值增长 4.0%，批发和零售业增加值增长 6.3%，住宿和餐饮业增加值增长 6.3%，金融业增加值增长 2.5%，房地产业增加值增长 12.0%。三次产业增加值结构为 9.9：32.9：57.2。全县人均生产总值按户籍人口计算为 36476 元人民币，约合 5512 美元，比上年增长 6.2%；全县人均生产总值按常住人口计算为 52129 元，约合 7877 美元，比上年增长 5.1%。①

开化是“绿山青山就是金山银山”论的思想源流之一，在“绿山青山就是金山银山”理论提出后，它也成为“绿山青山就是金山银山”理论的实践先锋，并且以国家公园为主探索出了一条生态产品价值实现道路，为拥有更多“青山绿水”的地区提供生态建设转化“金山银山”的范本。

九、浙江省松阳县——财政支持生态文明建设

浙江省松阳县坚持“绿水青山就是金山银山”生态发展理念，以“田园松阳”建设作为转变经济发展方式和推动产业转型升级的重要抓手。充分发挥财税的杠杆和支撑作用，将建立现代财政体制的各项改革举措和支持地方经济发展的财税政策，进一步延伸到生态经济发展上来，积极发展田园经济，努力打造生活富裕、家园秀美、人文和谐的生态文明新松阳。松阳先后荣获国家级生态示范区、中国名茶之乡、中国最佳养生休闲旅游名县、中国建设最美乡村旅游示范县、省级文明县城、省级生态县、省级卫生县城、省级园林城市、省级森林城市、省级历史文化名城称号，并且已通过国家级生态县初验。

（一）松阳县生态文明建设策略

1. 创新财政支持方式，激发生态经济发展动能

把发展田园经济作为打造“田园松阳”的核心任务，把创新财政支持作

① 开化县政府办 .2018 年综合实力［EB\OL］. 开化县人民政府，2019–04–01.

为加速发展生态经济的关键动力，大力发展品质生态化的绿色经济、形态集约化的富民经济、内涵特色化的美丽经济，着力提升田园农业、培育田园休闲养生经济和壮大田园工业。

第一，围绕高效生态化，全力打造“长三角绿色农产品基地”。按照“发展绿色化、生产标准化、产品精品化、经营产业化”思路，2015 年启动全域化绿色农产品基地建设，将财政扶持思路转向发展规模效益型、精品效益型、复合效益型农业。出台《松阳县推进财政支农体制机制改革的实施意见》，积极推进和完善财政支农体制改革，对涉农部门的支农政策进行优化和归并；整合用好财政支农资金，2015 年投入财政支农资金 4.57 亿元人民币，推动生态农业发展，形成了以农业两区为基础，以茶产业为支柱，油茶、香榧为主导，食用菌、干水果、笋竹林、高山蔬菜、特色养殖为特色的生态高效农业发展格局。重点发展“产业”，既保障茶产业质量提升、病虫害生物防治的补助，又在茶叶抵押扶贫贴息贷款、茶叶种植保险等金融支持下做文章，打造茶叶种植、茶叶文化、茶叶旅游的综合农业。目前，松阳 40% 人口从事茶产业、50% 的农民收入来自茶产业、60% 的农业产值来源于茶产业，“松阳银猴”以 17.39 亿元人民币的品牌价值列全省第五位，全国第十八位。此外，当前已培育种植香榧产业 61 万亩、油茶产业 84 万亩，十三五期间将发展成为松阳农业支柱产业；成功推出了梦阳脐橙、卖油翁茶油、“诚天和”茶熏火腿等众多特色农业产品。

第二，围绕全域景区化，全力打造“长三角休闲旅游胜地”。充分利用地方特有的如百里乡村百里茶、华东最多历史文化村落、保存最完整的农耕文化等自然资源，牢固树立起“全县就是一个景区”理念，将松阳定位为“长三角休闲旅游胜地”。以财政资金奖励的方式，引导企业投资旅游基础设施建设、古村落保护发展、特色文化体验项目，重点支持通景公路、景区设施建设等旅游基础设施建设，积极打造生态体验、乡村养生和文体休闲旅游业。统筹安排旅游发展、传统村落保护开发、文化产业发展财政扶持资金，2015 年投入 1.71 亿元人民币，推进“田园松阳”生态大景区建设。按照“保护为主、抢救第一、合理利用、加强管理”的方针，传统村落保护和利用财政投入 6500 万元人民币，吸引社会民间投入 8600 万元人民币，共同推进古村落保护开发利用。松阳已被列入中国传统村落保护发展示范县和国家文物局传统村落保护利用试验区，“古村落”已成为松阳旅游的金名片。

第三，围绕绿色低碳化，全力打造“浙江绿色制造业基地”。坚定“发展生态工业”的理念不动摇，深入实施“田园工业五年提升计划”，近两年投入财政资金 1.91 亿元人民币，用于加快工业集聚和生态产业培育。落实更加规范、科学、更有针对性的财政支持方式，逐步把财政扶持政策从注重高产出高收益向高绩效和绿色低碳转变，将财政扶持的重点向转型升级、绿色农产品精深加工、新能源产业和项目倾斜，引导企业向低耗低排、技术高新、战略新兴的方向发展，发展资源利用型、产业延伸型、环境友好型田园工业，生态工业基础逐步完善。持续引进生态环保项目，2015 年引进一批新能源、农产品精深加工等生态工业项目，松阳县工业园区已成为全省十大创新型工业园区、生态工业示范园区、省第二批省级园区循环化改造示范试点。

2. 加强财政区域统筹，构筑生态环境保护屏障

守好经济发展和生态保护“双底线”，将财政重点投向改善人居环境、美丽乡村建设、工业污染防治等领域，坚持环境有限准入机制，完善生态环境治理机制，推进治山、治水、治土、治气“四位一体”，实现全县生态环境保护的区域全统筹，全县环境面貌得到持续改善，生态环境质量明显提高。

第一，改善城乡人居环境。狠抓城市环境综合整治。围绕“生态化、园林化”特色县镇建设，实施城区净化、美化、绿化、亮化工程，2015 年财政投入 2.5 亿元人民币用于城镇环境综合治理，进一步完善城市环境基础设施和县城污水处理各项工程，三大内河生态修复及两岸景观营造初具成效。建立健全卫生保洁长效机制，每年投入 1310 万元人民币，推进城镇环卫作业市场化运作，景新城美、人居和谐的生态县城悄然形成。2015 年，县城人均公共绿地面积达到 23.77 平方米，集中式饮用水源水质达标率 100%，城市生活污水处理率达到 90.2%，城镇生活垃圾无害化处理率达到 100%。大力开展农村环境综合整治。全面推进“五水共治”，2014—2015 年共投入财政资金 8.5 亿元人民币用于“五水共治”工程，其中，2.63 亿元用于农村生活污水治理，目前，全县共完成 286 个村的农村生活污水治理工作。为推进乡村环境综合保洁，每年投入财政资金 2080 万元用于农村环境保洁、1310 万元用于河道路道保洁，引导秸秆无害化处理，垃圾收集分类处置，切实改善农村环境。

第二，破解农业面源污染。以节约能源资源、保护生态环境、促进农业可持续发展为目标，2015 年投入 1.15 亿元人民币用于实施农业面源污染治理，重点实施生猪养殖污染整治、水源地保护、农作物病虫害绿色防控等项目，

实现养殖污染全面治理，现代生态循环农业基础得到进一步夯实。推进生态循环农业示范工程，大力实施“畜牧进山、养殖上山”、畜禽排泄物资源化利用等工程，整治非禁养区规模以上生猪养殖场 74 家；鼓励饮用水源保护区转种植物 2835 亩；累计推广绿色防控融合面积 4.6 万亩，实施病虫害专业化统防统治 11.1 万亩；回收废弃农业包装物 14.5 吨。

第三，实施园区生态化改造。坚持“防、治、管”结合的原则，通过严把项目准入关、实行废水集中处理、废物资源化利用、第三方治理运营等措施，巧妙破解环保难题，积极打造美丽园区。近两年，整合投入财政资金 3.1 亿元人民币，有效推进工业园区生态化改造和建设工程。加强工业废水深度治理，实施工业废气治理提升工程，推广“煤改气”工程，深化不锈钢污泥“中温还原”项目，提高中水循环利用率，减少污染物排放量，实现污泥资源化利用。2015 年，通过环保倒逼机制关停 15 家企业，实施 28 家不锈钢企业完成酸洗场地设施改造提升，30 余家企业完成“两场一池”规范化改造建设，6 家重点排污企业全部建成刷卡排污系统，工业用水重复利用率达到 80.91%，工业固体废物处置利用率达到 100%。

3. 强化财政保障支撑，推动生态惠民驱动发展

紧紧围绕国家级生态县创建工作，切实把生态文明理念贯穿于生产生活各个领域，把和谐可持续生态发展的理念贯穿于社会治理和经济建设当中，把财政支撑作用落实于社会民生事业发展的各个环节，促进生态经济和生态环境的协调发展，并让生态文明建设的成果惠及地方百姓。

第一，生态文明推动居民增收。调整财政扶持方式，鼓励农村生态产业发展，丰富和优化生态经济发展的可用资源，投入财政资金 7700 万元人民币，培育发展农村电子商务、来料加工、乡村民宿等新三样产业，引导和壮大现代农业、文化休闲、乡村旅游等新型生态产业。

第二，生态建设促进文化建设。加大民生领域和生态文明建设领域的财政支出，确保全年新增财力三分之二以上用于民生。2014 年、2015 年全县民生支出 16.43 亿元和 20.50 亿元人民币，同比增长 17.27% 和 16.33%，占财政总支出的比重为 81.57% 和 80.7%。加强财政统筹力度和财政资金保障力度，2015 年教育投入 5.51 亿元人民币，同比增长 30.6%，2014 和 2015 年共新建投入使用校舍面积 9.72 万平方米、修缮 1.21 万平方米。提升教育发展水平、强化文化保护发展，目前已基本实现教育现代化。此外，根据县委县政

府“文化名县”的战略部署，进一步完善田园生态文化服务体系，积极构筑文化宣传阵地，加强传承和保护历史文化。创新文化产业发展驱动，积极实践 PPP 模式应用于文化产业，“松阳县全民健身中心”进入全省首批 PPP 项目推荐名单。

第三，生态理念促进社会和谐。将和谐理念贯穿于社会建设之中，连续十年成功创建省平安县。积极实施生态移民工程，累计总投入 8.74 亿元人民币，涉及 2.61 万人，有力保护生态环境、促进农民脱贫致富。同时，发挥财政保障社会事业发展作用，坚持将医疗卫生、促进就业、社会保障等领域建设放在促进社会和谐的首要位置，优化财政支出结构，实现保民生、促和谐。目前，松阳大社保体系初步建成，并成功创建了省级卫生县城。2015 年，松阳积极落实好失地农民转保、行政事业单位养老和工资改革等工作，截至当年年底，全县企业职工基本养老保险 36123 人；城乡居民社会养老保险参保有 11.19 万人，本年度新增参保 2.1 万人，城镇基本医疗保险参保人数合计 22.44 万人。①

（二）松阳特色传统村落保护建设

松阳县地处浙江西南山区，有 1800 多年的建县历史，是国家级历史文化名镇，至今保留着较为完整的耕读文化，有专家称松阳为“古典中国的县域标本”。县城明清老街商肆绵延，现在还有打铁、做秤、弹棉花、中草药铺等鲜活的传统农耕文明商业形态。松阳现保留着 100 余座古村落，71 个国家级传统村落，总量居华东第一、全国第二。高山阶梯式、平谷式、傍水式和客家传统村落在松阳的山水间交相辉映，被《中国国家地理》杂志誉为“最后的江南秘境”。

松阳生态环境优越，八山一水一分田，森林覆盖率高达 75.6%，空气质量、河流水质优良。松阳县先后成功创建成国家级生态示范区、浙江省生态县、浙江省园林城市、浙江省森林城市。松阳还将生态优势转变成经济优势，被称为中国绿茶之乡、浙江生态绿茶第一县。

松阳县在村落保护中实现发展，合理开发村落的生态农业、休闲旅游和文化资源。并且不破坏村落的生态环境，把低碳、环保的理念融入乡村文明，

---

① 浙江松阳：财政支持生态文明县城建设［J］. 中国财政，2016（16）：46–47.

着力建立生态循环链，开展垃圾分类，建设绿色建筑，运用绿色节能技术，从生产环节、生活方式上探索低碳循环，积极营造一种简约、质朴、生态、低碳、亲近自然、回归自然的乡村生活。经营山水，让老百姓享受最大的红利。在城镇不断扩张的情形下，松阳依旧守着乡愁，一手抓“活态保护”，一手抓“有机发展”，保持“绿水青山就是金山银山”的理念，将生态优势转变成经济优势，为绿色发展生态农村建设提供了鲜活的样本。

2018 年松阳聚焦乡村振兴，制定出台五年行动计划。传统村落保护发展扎实推进，“拯救老屋行动”入选国家乡村振兴战略规划，并获省公共管理十佳创新奖，首期修缮的 142 幢老屋全部完工，省政府工作报告明确“全面推广‘拯救老屋’松阳模式”。完成“古韵三都”风景线建设，三都乡获评省级美丽乡村示范乡镇，四都乡西坑村、平田村及大东坝镇白丰村上榜省级美丽乡村特色精品村。王景纪念馆、契约博物馆、油豆腐工坊、油茶工坊等精品项目建成。松阳乡村建筑亮相德国 Aedes 建筑论坛、威尼斯建筑双年展、法兰克福书展等世界级知名展示平台，成功举办国际性乡村振兴论坛。打造有根的乡村民宿，全年民宿旅游收入达 1.6 亿元。①

松阳的探索让我们看到，生态文明视域下的传统村落保护发展，不只是物质形态的建设，而是一个复杂的系统工程，要从生态修复、经济修复、文化修复、人心修复方方面面做起，关键的是要建立健全当代乡村的复兴机制，包括负责任政府的有效推动，有理想情怀的社会优秀人才的乡村回归和深度参与，负责任团队的科学规划设计与指导、培训，乡村建设的主体——农民的积极性和创造性的有效激发，城乡要素的合理流动与恰当的利益分配机制等。②

十、浙江省丽水市——生态文明建设样本

丽水位于浙江省西南部，是生态文明先行区，“绿山青山就是金山银山”理论发源地之一。丽水在 2006 年，习近平第七次调研时留下“绿水青山就是金山银山，对丽水来说尤为如此”的嘱托，就确立“绿山青山就是金山银山”理论为丽水生态建设的战略指导思想。经过多年发展，丽水的 GDP 和 GEP 同步增长，在 2009 年，丽水下属 9 个县区都成功脱贫。丽水市为巩固“绿山青

① “文化与建筑——乡村发展的驱动力”浙江松阳乡村振兴论坛综述［J］. 时代建筑，2019（01）：188-191.

② 谢雅贞 . 浙江松阳是如何建设传统村落保护发展示范县的？［J］. 中国生态文明，2017-11-02.

山就是金山银山”实践成果，开展构建绿色金融体系，实行“河权到户”“林权改革”并积累制度化“活树变活钱，资源变资产，叶子变票子”的先进经验。这是金融与产权结合的重要创新，给其他地区的绿色金融建设提供了生动的样板。“河权到户”是浙江省“五水共治”开展以来的治水创新，将治水承包，转被动治理为主动，实现了河流管理的有效经营，也为其他地区的河流治理与管理提供新的范式。丽水市在工业建设方面选择发展生态工业，提高工业准入标准，积极发展生态型工业，将工业经济效益与生态效益并重，从战略上重视环境保护和资源集约、循环利用，实现可持续发展。此外，充分利用丽水得天独厚的生态环境优势，大力发展生态旅游，建设生态小镇，开发云和梯田，帮助景区居民创收，围绕景区梯田建设，在保护生态的同时也能提升景区价值。①

2018 年丽水市生态文明建设的生态产品价值实现机制“丽水样板”入选“改革开放 40 年地方改革创新 40 案例”，相关经验被国务院大督查列为先进典型。成功举办首届生态产品价值实现机制国际研讨会，发布丽水绿色发展白皮书及生态系统生产总值（GEP）、生态资产核算研究报告。瓯江流域上下游横向生态补偿、生态环境损害赔偿、环保“守信激励、失信惩戒”等机制全面推行，完成市级自然资源资产负债表编制。遂昌创成国家生态文明建设示范县，云和成为全国首批环境健康风险管理试点县。国家林草局将丽水确定为全国唯一的国家公园设立试验区，生态环境部命名丽水为“绿山青山就是金山银山”实践创新基地，“诗画浙江”大花园最美核心区建设初显成效。对标瑞士等先进国家制定了传统村落、美丽乡村、绿道、古道、游步道、骑行道建设等大花园建设标准，瓯江绿道作为大花园建设旗帜性项目先行启动。遂昌、龙泉、云和入选第一批全省大花园典型示范建设单位，省大花园建设研究院在丽水市挂牌成立。出台涵盖一二三产的产业导向清单，启动了实时在线监测、全域覆盖的“花园云”建设。对标欧盟制定了“丽水山耕”标准体系、农药化肥准入标准，“丽水山耕”品牌影响力列“2018 中国区域农业形象品牌影响力排行榜”第一名。成为浙江省现代化生态循环农业整建制试点市，实现省级农产品质量安全可追溯体系县（市、区）全覆盖。缙云烧饼、

---

① 丽水创新实践“绿山青山就是金山银山”理念，实现生态文明建设、脱贫攻坚、乡村振兴协同推进［EB\OL］. 中国生态文明网，2018-12-12.

庆元香菇、松阳香榧等获地理标志证明商标，青田杨梅获农产品地理标志登记。缙云、遂昌、松阳创成首批省级全域旅游示范县，缙云仙都创5A通过省级初验。新增4A级景区2家，创建评定A级以上景区村庄242个，其中3A级景区村庄25个。获评"全国民宿产业发展示范区"，农家乐民宿营业总收入41.5亿元人民币，增长33%。2018年丽水市以建立生态产品价值实现机制为贯穿各项工作的红线，打造"绿山青山就是金山银山"转化先导区。启动以村为基本单元的全域自然资源与生态产品评估，挖掘梳理发布新一批丽水生态产品目录，建立健全GDP和GEP双核算、双评估、双考核工作机制，编制生态信用"正负面清单"。创新发展生态产品利用型产业，重点推进森林康养经济、水经济、绿色产权交易破题出成果，争创国际绿色水电示范区，积极推动绿色能源领域的市场化开发。着力推动变生态优势为产业优势，积极引导国内外大型生态高科技公司落户丽水。联动推进绿色发展综合改革创新区等创建工作，挖掘打造一批生态产品价值实现机制新的典型案例。争创国家金融支持乡村振兴试验区、农村土地"三权分置"" 三块地"改革、"三位一体"农合联改革，开展"农产盘活"试点，激活农民财产权。①

丽水的生态建设在目前的生态文明示范区建设中已是最为成熟的一个，它的建设时间早，生态保护完整，并且勇于尝试，创建许多新的管理模式，为生态文明建设实践提供新的建设思路。

第二节　国外生态文明优秀案例集

1971年联合国教科文组织在"人与生物圈"计划中首次提出，强调以生态学为方法来规划和建设城市，以此打造城市环境，达到人与人、人与环境之间的生态和谐。1984年，苏联生态学家亚尼科斯基首次正式提出生态城市概念，认为生态城市是一种理想城模式，其中技术和自然充分融合，人的创造力和生产力得到最大限度的发挥，而居民的身心健康和环境质量得到最大限度的保护，物质、能量、信息高效利用，生态良性循环。1987年世界环境与发展委员会在《我们共同的未来》报告中第一次阐述了可持续发展的概念，

① 丽水市政府办 . 丽水市 2019 年政府工作报告［N］. 丽水日报，2019-03-29.

成为国际社会的广泛共识。时至今日，许多城市都在可持续发展的理论指导下进行了生态城市建设并有所收益。比如北欧哥本哈根、瑞典马尔默、德国弗莱堡、英国贝丁顿、美国伯克利、日本东京、韩国松岛新城、新加坡、加拿大温哥华、芬兰维基新区等。

围绕生态城市建设，许多国家或地区的城市依据自身实际探索出不同的建设模式和发展经验。中国城市科学研究会生态城市规划建设中心的李海龙①认为，国外的生态城市建设的主要内容大都围绕四个层面展开。

（1）在物质空间规划方面，重点对土地利用与功能布局、能源利用与可再生能源开发、生态保护与绿色基础设施管控、绿色建筑与生态社区建设、废弃物处理和资源化利用、交通引导开发与绿色交通体系等领域进行规划设计。规划形成用地集约、结构紧凑、功能混合的空间布局，高效低碳、循环再生的资源能源利用体系，行人优先、通畅便捷的绿色交通体系，布局均匀、互相连接的绿色基础设施，绿色环保、宜居舒适的绿色建筑与社区。

（2）在生态技术应用层面，重点关注可再生能源利用、供水排水、污水处理与再生利用、垃圾处理与资源化利用、交通系统与车辆技术、信息网络技术，并集成应用到城市开发建设过程中。

（3）在规划建设管理层面，从法律法规标准制定、决策支持平台搭建、规划实施激励机制等方面形成系列的配套政策。

（4）在社会经济发展调控与管制方面，通过创造就业机会、营造公平和谐的社会环境、提供便捷高效的公共服务、保护本地文化、倡导绿色生活等方面，引导城市向着生态化的方向迈进。

在这些生态城市的建设中，根据其在不同层面的侧重点，根据不同生态城市建设中的比例所形成的发展模式可分为：土地规划、交通运输、城市立法、社区管理、生态科技这五种。主要是政府导向型、公交引导型、社区驱动型、城乡统筹型、生态科技型的开发模式②。这些生态城市开发模式都在一些国家或地区的城市有较长时间的探索经历或已获得明显成效，各具特色、模式多元、可操作性强、成效明显、可以为其他城市的生态城市建设提供先进经验。

---

① 李海龙．国外生态城市经验借鉴［J］．福建理论学习，2017（05）：47.

② 陈永忠．国外生态城市建设的模式与经验［J］．中外企业家，2018（20）：218.

一、政府导向型开发模式

由政府制定相关发展规划，并辅之以法规与政策支持，推进生态城市建设的模式。因为政府不仅可以通过制定方向明确和目标具体的发展规划，而且还能通过制定相关法规与政策，保障规划的顺利实施，以引导生态城市建设全面有序推进。典型代表城市是日本富士山市、美国伯克利和波特兰。

（一）富士山市生态城市建设经验

富士山市①政府制定实施了《富士山市环境模范城市行动计划》（Action Plan for Toyama Eco-Model City Project，2009），在可再生能源利用、市民意识变革、居住需求变化、交通体系整顿和紧凑城市实现等相关方面提出了具体发展政策，并在促进紧凑城市实现方面提出了“加强以铁路为主的公共交通的活性化，在公共交通沿线集中布置居住、商业、文化等主要功能，构建以公共交通为轴线进行据点中心开发的紧凑城市”的基本方针和构想。

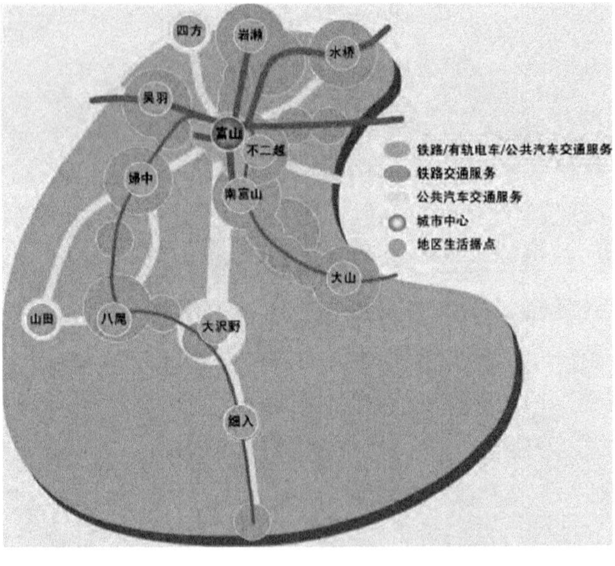

图 7-8　富士山“汤圆与串”城市空间构想示意图

为了推动“紧凑型城市发展和公共交通轴”将来城市空间构想的实现，

① 李迅，李冰，赵雪平，张琳．国际绿色生态城市建设的理论与实践［J］．生态城市与绿色建筑，2018（02）：34-42.

富山市提出了将开发概念进行公式化的“汤圆与串”（dumpling and skewer）城市空间构想，强调城市中心的层次化配置，将城市整体划分为包括市区的14个地区生活圈，强调城市中心地体系的层次化配置，将每个地区生活圈设定为独立的紧凑城市单元。而且，还以公共交通干线作为轴线将这些地区生活圈中心串联起来，并在以公交站点为中心的步行圈内集约布置行政服务、医院、福利设施、生活邻里设施等多样化城市功能，强化对私家车依赖性较低的老弱病残在日常生活出行中的步行可达性。这些地区生活圈都是单独的紧凑城市单位，并都有各自的地区生活据点；以生活圈为载体，在推进公共设施及开放空间服务，可再生能源利用，固废资源化利用方面做出示范。在政府积极引导和普通市民全面参与下，富山市成为了日本建设低碳社会的模范城市。

（二）伯克利低碳城市建设

伯克利[①]低碳生态城位于美国西海岸加州中部偏北，占地27平方千米，总人口约10万人。伯克利的低碳生态建设几乎涵盖交通、绿色空间、基础设施、绿色建筑、土地利用及用地布局、公民环保意识、废物再生利用、能源与水资源、环境保护等所有层面。伯克利低碳生态城的土地利用与用地布局模式贯彻生态保护理念，推广混合式用地、集中布局原则，最大限度发挥土地价值。社区内部以步行方式为主，建设平衡的多功能区域；绿色空间均质分布，小区周围布置有大量公园、绿地等游憩资源；提倡就近出行而非依赖交通运输实现可达性，减少对私人汽车的依赖。生态脆弱区的自然资源采取3级保护方法，提高生态结构的稳定性；使用隔热绝缘材料、再生能源、太阳能热水器、太阳能空气加热器、被动和主动节能系统、太阳能和其他能源温室等，并通过编制相关规范完善强化能源节约计划；保持城市内部水面率，保护自然开敞水面，颁布法规及保护基金以保护水环境。伯克利拥有完备的排水系统，400英里的污水处理管道和58英里的雨水排放管道，依靠专门设立的基金对其进行周期性维护、检测、修理，以保证城市排水畅通。

---

① 刘媛媛，张睿智．生态城市建设实践——以伯克利为例［J］．城市，2014（06）：71-73.

（三）波特兰绿色城市建设

20 世纪 60 年代末，波特兰[①]（Portland）针对城市问题制订了新的城市规划法案，以推动城市的可持续发展，包括城市增长控制、完善的交通管理体系、雨水的可持续管理、公众参与。波特兰被誉为美国最环保的绿色城市，是美国较早转变交通投资导向的城市。为提高公交吸引力、鼓励更多居民采用公交出行，波特兰从对小汽车交通的投资逐渐转向对公共交通的投资，采用了多种富有创新性的公交发展政策与实践。为防止无限制的城市扩张与蔓延，每个城市化地区都设置一个增长边界，一方面保护了边界外部的农田、森林、景区、公共空间等不被城市开发侵占，另一方面也促成了边界内部更加紧凑、高效的城市开发，并提高公共服务设施的利用效率。在街道绿化改造中巧妙地融入街道雨水管理与利用，营造出自然优美的街道景致，防止城市洪涝，恢复了城市中水系统的自然循环。波特兰市在编制规划之初就以社会学家为先导，对该市居民开展了广泛深入的问卷调查，并于 1975 年建立了关心城市发展的民众代表组织“千友会”（1000FriendsofOregon），使“民众参与”成为一种经常性的会议机构和制度。

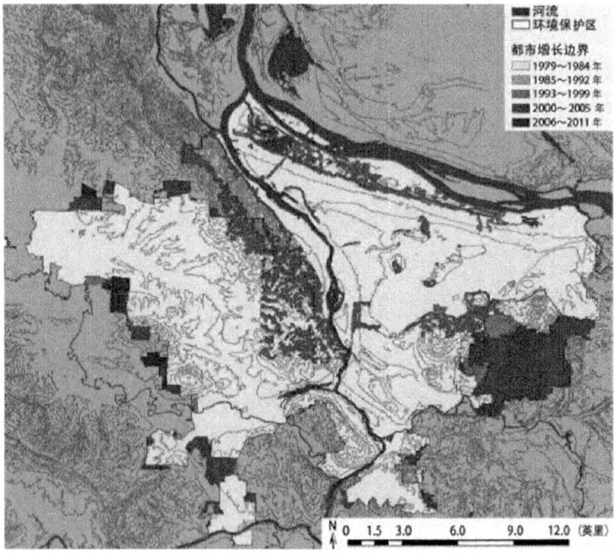

图 7–9　波特兰城市边界增长示意图

---

① 朱洁 . 波特兰：可持续发展样板［J］. 金融博览（财富），2017（04）：70–71.

2013 年，波特兰碳排放量较 20 世纪 90 年代的水平下降了 14%，而从 1990 年到 2013 年，波特兰人口增长了近 31%，就业岗位也增加了 20%。波特兰市政府在其《2015 气候行动计划》里提出了更大胆的目标：到 2050 年，波特兰碳排放量将较上世纪 90 年代的水平下降 80%。为了实现这一目标，波特兰制定了 100 多项详细的行动计划，包括提高建筑和车辆能效，鼓励风能、太阳能和生物柴油等低碳能源的使用，降低垃圾填埋的甲烷排放、鼓励垃圾回收利用等。可以说，可持续发展的理念已经内化到波特兰的公共政策、经济发展和消费者行为之中。正如波特兰《2015 气候行动计划》所说，从政府到企业再到个人，波特兰相信降低碳排放可以提高企业效率、创造更多就业。

此外，日本、美国、德国、法国、荷兰等国家都通过立法，建立了一系列完善的生态城市建设的法律与制度保障体系。[①] 如：（1）绿色秩序制度，包括自然资源产权制度、绿色市场制度、绿色产业制度、绿色技术制度、绿色产销制度、废物回收利用制度等；（2）生态绿色激励制度，包括绿色财政制度、绿色金融制度、绿色投资制度、绿色税收制度、绿色统计制度、绿色审计制度、绿色会计制度等；（3）绿色社会制度，包括绿色教育制度、绿色宣传制度、绿色行政制度、绿色采购制度、公众参与制度等，从而为生态城市建设的顺利进行提供了完善的制度保障。

二、公交引导型开发模式

倡导住宅与商业结合的土地综合开发的建设模式。其特色是将优先发展公共交通作为主要的交通政策，同时在规划和设计时，实行土地综合利用，把工作、居住和其他服务设施结合起来，以缩短人们的出行距离，减少能源消耗。典型代表是巴西库里蒂巴。

（一）库里蒂巴“走廊”城市建设

库里蒂巴[②] 是巴西南部巴拉那州的首府，始建于 1693 年。1940 年前，库里蒂巴还只是一座以木材、咖啡、农牧业等为主的内陆小城市。从 1960 年开始，库里蒂巴的经济进入高速增长期，城市规模也随之急剧增长。在 1950 年，

---

① 李迅，李冰，赵雪平，张琳．国际绿色生态城市建设的理论与实践［J］．生态城市与绿色建筑，2018（02）：34–42.

② 简海云．巴西库里蒂巴城市可持续发展经验浅析［J］．现代城市研究，2010，25（11）：62–68.

库里蒂巴的人口还只有 30 万人，其中市区人口 14 万人；到 1990 年总人口已达 240 万人，其中市区人口 150 万人，城市面积大约 432 万平方千米。在这段时期内，城市的经济结构和实力发生了很大的变化，由原来以农牧业经济为主一跃成为一个工业和商业中心。至 1990 年初期，其人均年收入已达 2500 美元。在经历了数十年的高速发展之后，1970 年前的库里蒂巴和巴西大多数城市一样，面临严重的人口拥挤、贫穷、失业、环境污染等社会及环境问题。但在城市规划的指导下仅用一代人的时间，库里蒂巴便在保护并发展生态环境的前提下，根本性地改善了城市面貌，大大提高了居民的生活质量，使城市不断走向可持续发展的目标。

1934 年法国建筑师阿尔弗雷德·阿加什为库里蒂巴制定了第一版总体规划，将城市确定为环形 + 放射状的发展空间结构，并确定了城市中心区以及行政、居住、体育、工业等功能分区。但随着城市的经济快速发展和规模扩大，环形 + 放射状的空间结构存在的问题日益显现。首当其冲的便是中心区的密集和交通的拥挤。为此，1966 年市政府通过设计竞赛的方式，征集并最终确定了来自圣保罗的巴西建筑师霍赫·威廉（Jorge Wilhelm）的城市总体规划方案。库里蒂巴城市总体规划最大的亮点是基于公交优先原则的城市开发。总体规划确定城市沿着几条结构轴线向外进行走廊式开发。不仅鼓励混合土地利用开发的方式，而且以城市公交线路所在道路为中心，对所有的土地利用和开发密度进行了分区。这些轴线在城市中心交汇，城市轴线构成了一体化道路系统的第一个层次；拥有公交优先权的道路把交通汇聚到轴线道路上，而通过城市的支路满足各种地方交通和两侧商业活动的需要，并与工业区连接。城市外缘则布局大片的线状公园绿地。

总体规划的框架确立后至今一直未发生大的变化，历届政府均致力于严格实施规划，仅结合不同历史时期的实际情况在局部做出调整与完善。为保证规划得到持续实施，市政府还于 1966 年成立了库里蒂巴规划研究院，一直负责城市总体规划以下各层次规划的深入编制、技术维护与实施协调，使得政府各部门的分目标能够符合城市总体规划的同一要求。相比于规划的制定，市政府更看重规划在政治、经济与实施条件等限制因素下能够得到始终如一的贯彻执行。

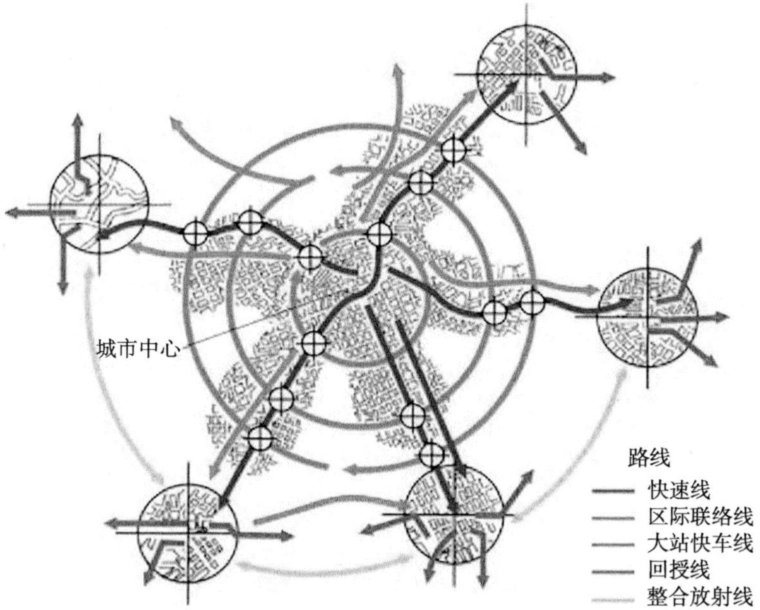

图 7-10　库里蒂巴 BAT 走廊

如今库里蒂巴是巴西第七大城市和生态之都，也是世界上绿化最好的城市之一，被认为是全球可持续发展的城市典范，并因其先进的垃圾循环回收项目、能源保护项目和公交导向式的交通系统荣获国际大奖。库里蒂巴市的成功经验，一是结合自然的设计。城市通过立法来保护自然排水系统以进行合理的利用，并在河道两旁设置了有蓄洪作用的公园和人工湖。公园里大面积植树种草，河两岸的废弃厂房和其他建筑物则改造成体育和休闲设施，避免了在防洪措施方面的巨大开支，同时大大改善了城市环境。同时，要求公园内的建筑面积不得超过 1/3，禁止在公园铺设硬质路面，坚持将绿地还给民众。二是公交导向式[①]（Bus Rapid Transit，BRT）的城市开发规划。城市沿 5 条交通轴线进行高密度的线状开发，改造内城坚持以人为本，而非以小汽车为本。不仅鼓励混合土地利用开发的模式，而且总体规划以城市公交线路所在道路为中心，进行了土地利用和开发密度分区。5 条轴向道路中的 4 条所在地块的容积率为 6，其他公交线路服务区的容积率为 4，离公交线路越远的区域容积率越低。城市仅仅鼓励公交线路附近 2 个街区的高密度开发，并严

① 巴西库里蒂巴快速公交系统考察报告（BRT）[J]. 决策咨询通讯，2007（05）：66-67+78.

格控制距公交线路 2 个街区外的土地开发。生态城市的内涵包括社会的可持续发展方面。库里蒂巴也积极鼓励社会公益项目，拥有几百个社会公益项目，从建设新的图书馆系统，到帮助无家可归的人进行各种实用技能培训，而“免费环境大学”向市民提供实用的短期培训课程，传授环保知识，在所有学校开展生态扫盲教育计划。

三、社区驱动型开发模式

社区控制、社区规划、社区设计、社区建设、社区管理和维护的全过程都由社区居民参与的自助式模式。其优势是不仅可以强化公众是城市的生产者、建设者、消费者、保护者的重要作用，而且也极大地调动了公众参与城市生态建设的积极性。典型代表是欧洲地区的城市。

（一）丹麦哥本哈根“自行车王国”建设

哥本哈根坐落于丹麦西兰岛东部，人口 67.6 万，被联合国人居署评为“全球最宜居的城市”，是欧洲的“绿色首都”和“自行车之都”。2012 年哥本哈根提出《CPH2025 气候计划》（CPHClimate Plan2025），保护哥本哈根免受洪水灾害侵袭，同时创造一个拥有蓝绿休闲空间的宜居城市。计划中的三大措施包括创新资源，引导市民回收利用生活垃圾；节约能源，改变市民的生活习惯，减少用电量；暴雨管理，在街道、广场和建筑周边设置兼顾休闲娱乐和滞留蓄水功能的蓝绿空间，帮助城市更好地抵御暴雨。该计划的目标是到 2025 年，将哥本哈根建成全球第一个碳中和城市。

同时，哥本哈根被国际自行车联盟（International Cycling Union，简称 UCI）命名为世界首座“自行车之城”，① 自行车人均拥有率名列世界城市前茅。政府致力于给骑行者创造更好的出行条件，一方面建设自行车网络，设置自行车专用道，并建设连接郊区与市中心的分离式自行车高速路，另一方面完善配套服务，包括交叉路口的红绿灯提前切换、提供骑行者平衡的扶手栏杆与踏板，以及充足的自行车停放设施。目标是将哥本哈根建设成为世界上最有利于自行车出行的城市。丹麦哥本哈根通过推行“绿色账户”（通过记录一个学校或者一个家庭日常活动的资源消费，比较不同城区的资源消费结

---

① 邓佳．丹麦的城市生态之路［J］．环境经济，2017（13）：50–51.

构，确定主要的资源消费量，并为有效削减资源消费和循环利用提供依据）、“生态市场交易日”等特色举措提高公众的生态意识，增进公众对生态城市项目的了解。

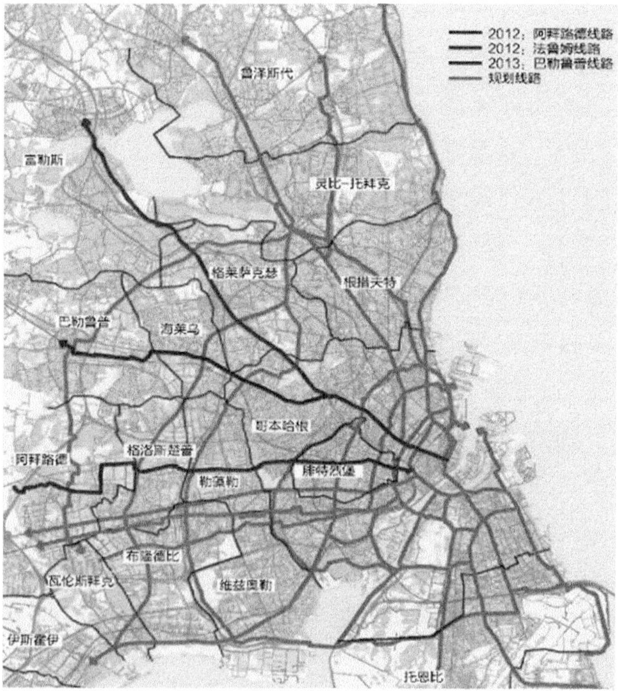

图 7–11　丹麦自行车高速路规划

（二）德国弗莱堡新能源环保建设

弗莱堡市[①]是德国的一个中等城市，属于南部黑森林巴登符腾堡州的管辖范围。该市森林面积广阔，接近该市总面积的一半，城市人口有 20 多万。弗莱堡市历来重视环境保护工作，曾经在 20 世纪 70 年代掀起过反核运动的浪潮，可以说是全球环保的先驱，并且在 90 年代初获得了德国环保的最高荣誉。积极的环保理念，为该市生态城的建设打下了良好的基础。以环保为宗旨，注重能源利用和垃圾处理、以及化学应用和基因技术，将环保的理念扩展到城市生态设计中，该市的生态建设不仅迅速，而且成绩斐然。环保的一

① 许华，司家玮．聚焦国外生态城市建设［J］．生态经济，2016，32（03）：2–5.

项重要工作是大气保护，这同时也是生态建设的重要任务，弗莱堡市非常注重大气保护工作。为此，不仅与多个研究机构合作，而且还针对大气环境的污染因素展开民意调查。调查结果表明，造成该市大气污染的主要因素是交通和能源生产，二者所产生的二氧化碳对空气造成严重污染。并且通过调查还发现，交通所造成的污染不仅仅表现在空气质量，而且对于臭氧层的破坏和森林死亡，交通所产生的污染都是罪魁祸首。为改善交通情况，减少交通所产生的尾气污染，弗莱堡市十分注重公交系统的建设，不仅建设了一批城市有轨电车，而且还建设了联系城市与周边地区的公共汽车，使城区与周边地区形成公交网络。为鼓励和吸引市民乘坐公共汽车，市政府甚至出台了一系列的票价优惠政策。此外，政府由财政出资，还建立了与郊区连接的自行车道路，形成多样化的交通网络，为市民出行提供了更多的选择，同时也减少了使用汽车所造成的环境污染，实现双赢。在利用能源方面，为减少能源的消耗，达到节能目的，该市极力推广使用节能灯，并且采取提高能源价格的措施来促使市民节约能源，选择节能灯，减少能源消耗。同时，弗莱堡市非常注重对太阳能等新能源的开发和利用。不仅加大对太阳能的研发，高薪聘请世界先进的研发机构，而且通过财政资助建设了太阳能生产项目，以此来推广太阳能的利用，使太阳能在弗莱堡市得到普及，立志打造太阳能城市。据统计，该市在 20 世纪末就已经安装了上百个太阳能电池板装置，其人均太阳能电池板的拥有数量不论在德国还是世界都是数一数二的。此外，为提高能源转换率，以减少对环境的污染，该市还发展热电联合，为太阳能系统向区域系统发展打下基础。而且制定了远期发展新能源利用系统的目标，在能源消费市场的承受范围内，发展了供电供热系统，从而为新能源的利用做好准备工作。上述为打造生态城而做出的各种努力，看似需要巨大的资金投入，弗莱堡市的财政赤字想来是不可避免的。但是实际上，自从致力于打造生态城后。该市的财政状况并没有出现赤字，反而因为环保而建设的环保工业创下了巨大的经济效益。据统计，弗莱堡市的环保工业企业有 400 多家，不仅为一万多人解决了就业问题，而且环保产品的年利润达到 20 亿马克，占据该市所有产品总利润的 6%，这个成绩在整个德国都是令人瞩目的，环保产品所占的销售额比例远远超过德国其他城市，环保企业经济效益十分可观。

德国沃邦社区位于弗莱堡市南郊，距市中心约 3 公里，占地面积 38 公顷，居民人口约 5106 人。沃邦社区在对旧军营进行生态改造过程中，遵循独具匠心的节能设计和超前的环保理念，旨在建设功能混合、环境优越的生态社区，使沃邦成为欧洲低碳经济 ECGB① 的人居典范。社区 70% 的居民出行主要靠自行车和有轨电车，并通过短途公共交通连接周边城区及乡镇；主要交通性道路旁设立停车区，生活性街道周边取消停车场，补充建设步行和自行车道。沃邦是欧洲为数不多的自行车数量超过汽车的社区。社区推行低能耗房屋及被动式房屋，并提供低息贷款或优惠电价政策，鼓励居民在屋顶上加装太阳能光电板。同时社区内还有“增能房屋”，即房屋自身产生的能源大于消耗能源，屋主可通过出售剩余能源增加收入。沃邦社区是欧洲唯一的一个家庭用电量和发电量实现平衡的社区。户外铺设的水渠将雨水引入社区中心的水池，减轻排水渠压力、保护下游水系并增加地下水量。社区还修建绿地带，对居住组团进行划分，降低社区建筑密度、提高居住环境生态质量、提供游乐场所及改善空气流通。

四、城乡统筹型开发模式

主要通过实施城乡经济、社会、生态一体化规划，加强城乡统筹发展的建设模式。即打破行政与区域界限，城市和周边乡村建设作为一个整体，进行统筹规划，通过加快城乡之间能量、信息、资源的转换与合理配置，促进生态城市的建设与发展。典型代表是新加坡。

（一）新加坡田园城市建设

新加坡因其国小人多、资源匮乏和多元文化等国情，新加坡的城市可持续发展是在这种根深蒂固的脆弱感和忧患意识下进行的。在其独特的核心价值观下，通过对城市规划、建设、管理和发展实施动态治理，使新加坡城市发展实现了生态低碳化过程，变成一个井然有序的花园城市。新加坡尤其重视城市规划。新加坡建国之初就聘请联合国专家，历时 4 年，于 1971 年高起点编制出了概念性规划，形成了公交为导向的综合组团开发模式。② 并以此为总纲，制定城市开发总体规划等项目，为未来 30 ~ 50 年城市空间布局、交

① 编辑部 . 国际生态园可持续发展之探索与创新——中德专家访谈［J］. 生态城市与绿色建筑，2018（02）：22–26.

② 周岚，张京祥，崔曙平 . 低碳时代的生态城市规划与建设［M］. 北京：中国建筑工业出版，2010：73—74.

通网络、产业发展等提供战略指导。概念性规划每 10 年检讨一次，但都是在 1971 年基础上的修订完善。目前，正在编制规划，拟通过填海等措施，使新加坡规划最终用地规模达到 800 平方千米，人口规模达到 800 万左右。在概念性规划中，新城环绕核心区构成“星座式”节点网络，其间通过大容量、高性能的轨道交通相联系，新城之间通过绿带相隔离。各新城作为功能鲜明的节点，与沿着走廊分布的混合土地利用区域产生了双向的交通流。快速公交导向的空间模式带来了巨大的综合收益，公交出行比例高，小汽车出行率低，既提高了通行效率，又减少了交通污染。

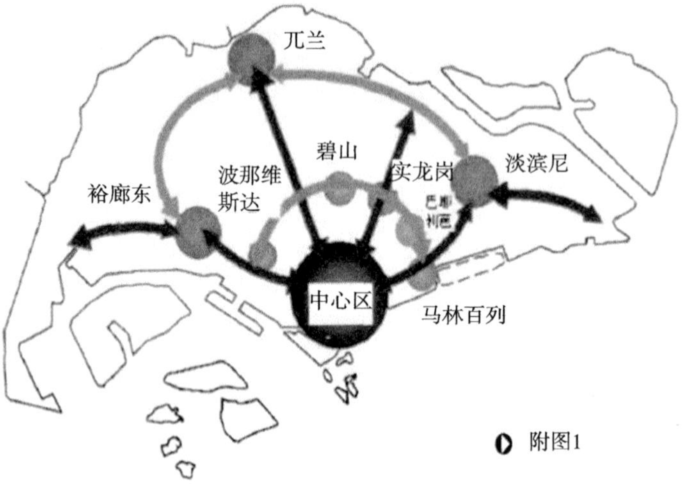

图 7-12　新加坡卫星城市建设规划

新加坡是当今世界上执行中心城 + 卫星城式布局最为出色的城市[①]，没有之一。1818 年英国第一代殖民者登陆的新加坡河口—滨海湾地区集中布局了一大批商业、金融、旅店业等核心服务型产业，使之成为名副其实的城市中心区，集中城市的人流与物流。比如，滨海湾的金融街、金沙集团的博彩业、乌节路的商业街均具有世界性影响，汇聚了全球的人气与财富。根据自然与地理条件，该国在全岛的东、中、西、北四个区域各设置了一个城市副中心，分流中心城区的人口、商业、娱乐、文化等相关功能。城市中心与副中心由快速轨道交通连接，在轨道交通线相交汇的地区适当布局卫星城市。每个卫星城市都具备一定的住宅、工业、商业及文化功能，从而分流交通压力。卫

① 谢潇波．“田园城市”新加坡——新加坡土地制度观察［J］．国土资源导刊，2014，11（11）：63-65.

星城式布局的成败在很大程度上取决于城市交通系统的效率。新加坡在土地规划与利用过程中，较好坚持了“交通优先”的规划理念，强调建设无缝衔接的世界级公共交通系统，让居民在全岛范围内“门到门”的出行时间不超过1小时。目前，该国已建设地铁153公里、轻轨29公里、快速路166公里，运行公交路线350多条。同时，为改善城市环境，树立城市形象，该国借鉴田园城市中以农业绿带为城市群间隔带的理念，在卫星城之间、轨道交通线两侧开展“绿色廊道”“垂直绿化”建设，使得该国在经济起飞的过程中绿化率不减反增，从1986年的36%提高到2007年47%，成为世人所津津乐道的“花园城市”。2010年后，该国又将城市愿景由garden city修改为the city in the garden（花园中的城市），一则强调对城市内部居民自身感受的考虑，另一方面则将城市内部绿化放到了更加重要的位置。专业化的中心城建设、合理的卫星城布局、快捷高效的交通系统、丰富的绿色廊带使新加坡成为全球少有的成功地实现卫星城式布局的世界级城市。

新加坡成功经历了两个关键过程：第一个过程是合理城市化布局的过程；第二个过程是自然系统再造的过程。这两个不同的过程是相辅相成的。如果不能在第一个过程中为绿地的发展留有余地，则不可能有今后更高质量的自然系统建设；如果没有第二个过程的补充，也不能形成高质量的自然系统。这两个过程总体上来说是对全岛大地景观综合再造的过程。[①]

五、生态科技型开发模式

通过加强资源环境方面的新技术开发和产业化，加快生态城市建设的模式。即不仅高度重视城市的自然资源，将生态系统纳入城市的重要组成部分，而且积极倡导和实施可再生的绿色能源，以及生态化的技术，将高科技的含量融入到生态建设之中。代表城市是澳大利亚怀阿拉。

澳大利亚怀阿拉充分融合了可持续发展的各种技术，包括城市设计原则、建筑技术、设计要素和材料、能源保护和能源替代、可持续的水资源使用和污水的再使用。

怀阿拉[②]位于澳大利亚的南澳大利亚州沙漠附近。1997年4月1日，怀

① 袁琳.城市史视野下新加坡“田园城市”的再认识及启示［J］.风景园林，2010（06）：107-112.

② 李潇，黄翊.低碳生态城市案例介绍（三十五）：澳大利亚怀阿拉［J］.城市规划通讯，2014（15）：17.

阿拉市政府通过了一项决议，批准并把目前的所有环境计划融合到一起实施“怀阿拉市政府承诺通过生态城市建设为市民创造一个更好的居住环境，长久地实现更加可持续的发展，降低社区的真正费用，为实现州和澳大利亚的环境目标进行最好的实践”。生态城市概念整体上是可以适用于怀阿拉。怀阿拉的生态城市项目充分融合了可持续发展的各种技术，包括城市设计、建筑技术、设计要素和材料、传统的能源保护和能源替代、可持续的水资源使用和污水的再使用等。怀阿拉的发展战略对城市生态可持续发展原则做出了清楚的阐释。该战略提出了 7 条生态城市建设要点，致力于解决怀阿拉的能源和资源问题。7 条城市战略要点是：设计并实施全面的水资源循环利用计划；在城市开发政策上实行强制性控制，对于新建住宅和重大城市更新项目要求安装太阳能热水器，并在设计上尽量改进能源效率；对安装太阳能热水器给予财政刺激；推进世纪议程的环境规划过程；开展提倡优良的、可持续的建筑技术的大众运动；形成一体化的循环网络；建立替代能源研究中心。

怀阿拉市政府已经采纳这种战略对策：把该市发展成为在公众服务和城市环境运行的各个方面，都能够有效利用可持续技术的领先城市，包括旨在充分利用怀阿拉气候区位优势、地方社区创造力、凝聚力和市政府实现未来目标的愿望，同时拓展其经济基础，增加年轻人和居民的总体就业机会。

六、国外生态城市建设经验总结

第一，充分发挥政府的职能作用。政府职能在生态城市建设中功不可没，在整个过程中起着举足轻重的作用。因此在建设生态城的过程中，要高度重视政府的主导作用，使政府的调控和管理职能得到充分发挥。政府的作用体现在如下几方面：一是确定生态城建设的基本原则和总体方向，以及细化的建设目标和具体实施的框架；二是制定健全的法律法规，确保建设过程中有法可依、违法必究，全面保障生态建设目标的实现；三是根据不同的建设阶段制定具体的措施，并制定相关的税收和投融资政策，鼓励生态建设项目的开发。

第二，加强科技创新的基础作用。科技创新是建设生态城的关键，离开技术创新，生态建设将成为一纸空文。生态城的建设需要利用很多技术，既包括管理技术、建筑技术等一些基础技术和共性技术，还包括新能源开发和应用技术、生态农业技术、生物技术、垃圾回收再利用技术等众多的专门技术。政府应重视技术开发的投入力度，支持建设重大技术研究项目，促进生态建设技术体系的形成。此外，还应建立合作创新体制，积极引导和推进企业、大学和研究机构之间的合作，加快科技转化为现实生产力的速度，提高科研成果的实际应用效率。

第三，选择优先行动领域。生态城市的建设包括很多项目和领域，涉及方方面面，在规划时应首先明确重点项目，将其作为优先行动领域，重点突出、循序渐进，有计划有步骤地推进城市生态建设。不同城市具有不同的经济条件和生态特征，每个城市的重点项目和优先领域是不同的，比如有的城市以调整交通系统结构为重点项目，而有的城市可能以调整产业结构或者城市居民住宅布局为重点项目。无论是以何种项目何种领域为重点，都需要以生态学原理为基础，根据生态设计理念，确定重点项目和领域，促进城市经济的良性循环，维持城市的生态环境，提高企业的环境效益，促进经济与生态环境的和谐发展。

第四，构建生态城市交通体系。交通系统是城市的动脉，是连接城市不同区域的桥梁和纽带，有利于促进经济的发展。生态城市的建设离不开发达完善的交通系统，因此在构建过程中要坚持生态建设原则，站在城市土地开发利用的高度来布局城市交通体系，改善交通网络的空间布局，调整交通结构，重点发展公交系统，尽量减少汽车的使用率。科学合理的交通体系，一方面可以提高土地的综合利用率，减少土地资源的浪费，扩大城市空间，为人们创造良好的居住环境，另一方面还可以减少汽车尾气污染，提高空气质量，减少环境污染。

第五，强化城乡融合的建设理念和规划。亦城亦乡、城乡接合是生态城市的经典模式，该模式打破了传统的行政区域划分，融合城乡一体化的建设理念，值得学习和借鉴。打造城乡接合的生态城市，要综合运用生态学原理和循环经济原理，将城乡接合起来进行统筹规划，合理配置城乡资源，促进城乡信息沟通、物质交换，发挥城乡的各自优势，使城乡之间优势互补、相互促进，以达到节约资源，经济循环持续发展的目的，城乡之间互惠互利，和谐发展，从而增强生态城市的可持续发展能力。

附　录

附表 1：2011–2017 年各省份"绿水青山就是金山银山"践行效果排名

排序	2011	2012	2013	2014	2015	2016	2017
1	北京	北京	北京	北京	北京	北京	北京
2	上海	上海	天津	上海	上海	上海	上海
3	天津	江苏	上海	天津	天津	天津	天津
4	江苏	天津	江苏	江苏	江苏	浙江	浙江
5	浙江	浙江	浙江	浙江	浙江	江苏	江苏
6	广东	山东	山东	山东	广东	广东	广东
7	山东	内蒙古	广东	内蒙古	山东	山东	山东
8	内蒙古	广东	福建	广东	内蒙古	福建	福建
9	山西	福建	陕西	陕西	福建	内蒙古	陕西
10	福建	山西	内蒙古	福建	陕西	陕西	内蒙古
11	海南	陕西	安徽	安徽	重庆	重庆	重庆
12	陕西	辽宁	山西	重庆	安徽	安徽	河南
13	安徽	重庆	重庆	山西	海南	海南	海南
14	重庆	安徽	四川	江西	山西	山西	安徽
15	湖北	江西	辽宁	四川	辽宁	河南	湖北
16	辽宁	海南	黑龙江	辽宁	河南	湖北	四川
17	江西	黑龙江	广西	海南	广西	四川	吉林
18	黑龙江	广西	江西	广西	四川	吉林	辽宁
19	河北	四川	湖南	河南	湖北	辽宁	河北
20	吉林	湖南	湖北	湖北	黑龙江	广西	黑龙江
21	四川	河北	河南	黑龙江	河北	黑龙江	山西
22	广西	吉林	海南	湖南	湖南	河北	江西
23	河南	河南	河北	河北	江西	江西	湖南
24	宁夏	湖北	宁夏	吉林	吉林	湖南	广西
25	云南	云南	吉林	贵州	云南	云南	云南
26	湖南	宁夏	新疆	宁夏	贵州	宁夏	新疆
27	新疆	新疆	云南	云南	宁夏	贵州	贵州
28	贵州	贵州	贵州	新疆	新疆	新疆	宁夏

续表

29	甘肃	甘肃	甘肃	甘肃	甘肃	甘肃	甘肃
30	青海	青海	青海	青海	青海	青海	青海

附表 2：2011–2017 年各省份绿色发展协调性排名

绿色发展协调性排序	2011	2012	2013	2014	2015	2016	2017
1	内蒙古	北京	北京	北京	北京	北京	北京
2	天津	内蒙古	内蒙古	内蒙古	内蒙古	上海	上海
3	北京	辽宁	新疆	天津	天津	天津	新疆
4	宁夏	天津	天津	新疆	上海	浙江	内蒙古
5	上海	新疆	江苏	上海	江苏	江苏	天津
6	重庆	山西	上海	江苏	宁夏	广东	江苏
7	河北	上海	宁夏	宁夏	新疆	山东	浙江
8	辽宁	江苏	山西	浙江	浙江	福建	宁夏
9	江苏	宁夏	安徽	山东	山东	内蒙古	山东
10	山西	江西	甘肃	山西	辽宁	陕西	福建
11	山东	浙江	山东	辽宁	湖南	重庆	陕西
12	新疆	山东	浙江	陕西	福建	安徽	重庆
13	江西	河北	辽宁	安徽	安徽	海南	广东
14	浙江	福建	福建	福建	山西	山西	湖北
15	福建	重庆	黑龙江	甘肃	陕西	河南	安徽
16	安徽	安徽	河北	河北	青海	湖北	山西
17	青海	甘肃	青海	重庆	广东	西藏	河北
18	湖北	黑龙江	陕西	湖北	广西	四川	青海
19	广东	海南	重庆	广东	重庆	吉林	河南
20	陕西	湖北	江西	贵州	河北	辽宁	江西
21	黑龙江	陕西	广东	青海	江西	广西	海南
22	吉林	青海	广西	江西	甘肃	黑龙江	贵州
23	广西	广东	湖北	黑龙江	湖北	河北	辽宁
24	海南	吉林	云南	吉林	吉林	江西	吉林
25	云南	广西	吉林	广西	黑龙江	湖南	四川
26	甘肃	湖南	湖南	四川	贵州	云南	湖南

续表

27	湖南	云南	贵州	湖南	河南	宁夏	黑龙江
28	贵州	河南	海南	河南	海南	贵州	广西
29	河南	四川	河南	云南	云南	新疆	甘肃
30	四川	贵州	四川	海南	四川	甘肃	云南

附表 3：2011–2017 年各省份资源环境承载力排名

资源环境承载力排序	2011	2012	2013	2014	2015	2016	2017
1	内蒙古	内蒙古	北京	北京	北京	北京	北京
2	北京	北京	内蒙古	内蒙古	内蒙古	天津	上海
3	山西	山西	山西	山西	上海	上海	天津
4	陕西	陕西	陕西	陕西	山西	内蒙古	内蒙古
5	青海	上海	上海	上海	陕西	陕西	陕西
6	上海	青海	天津	天津	天津	浙江	浙江
7	天津	天津	青海	青海	青海	山西	山西
8	新疆	新疆	福建	福建	福建	福建	福建
9	黑龙江	黑龙江	黑龙江	浙江	浙江	吉林	吉林
10	海南	福建	云南	四川	四川	重庆	重庆
11	云南	四川	新疆	重庆	重庆	海南	河南
12	福建	云南	重庆	黑龙江	云南	广东	山东
13	四川	贵州	海南	贵州	贵州	山东	广东
14	贵州	海南	浙江	新疆	黑龙江	四川	海南
15	重庆	浙江	四川	海南	新疆	黑龙江	黑龙江
16	吉林	重庆	贵州	云南	广东	江苏	江苏
17	浙江	吉林	吉林	吉林	海南	河南	青海
18	安徽	安徽	湖南	广西	江苏	湖北	四川
19	广西	湖南	广西	湖南	广西	青海	湖北
20	甘肃	广西	安徽	安徽	湖北	辽宁	湖南
21	江西	江西	湖北	湖北	吉林	新疆	新疆
22	湖南	甘肃	江西	广东	湖南	广西	云南
23	宁夏	宁夏	甘肃	江苏	安徽	湖南	辽宁
24	湖北	湖北	广东	江西	江西	安徽	安徽

续表

25	河南	广东	江苏	甘肃	甘肃	云南	甘肃
26	广东	江苏	宁夏	宁夏	河南	贵州	广西
27	江苏	河南	河南	河南	宁夏	甘肃	江西
28	辽宁	辽宁	辽宁	山东	山东	江西	贵州
29	山东	山东	山东	辽宁	辽宁	河北	宁夏
30	河北	河北	河北	河北	河北	宁夏	河北

附表 4：2011–2017 年各省份产业发展新动能排名

产业发展新动能排序	2011	2012	2013	2014	2015	2016	2017
1	北京	北京	北京	北京	北京	北京	北京
2	上海	江苏	天津	上海	上海	上海	上海
3	江苏	浙江	江苏	江苏	江苏	江苏	广东
4	浙江	上海	浙江	浙江	广东	广东	江苏
5	广东	广东	上海	天津	浙江	天津	天津
6	天津	山东	广东	山东	山东	浙江	山东
7	山东	天津	山东	广东	天津	山东	浙江
8	海南	福建	福建	福建	重庆	重庆	重庆
9	安徽	安徽	安徽	安徽	福建	福建	福建
10	福建	重庆	重庆	陕西	海南	安徽	安徽
11	湖北	陕西	陕西	重庆	安徽	海南	海南
12	陕西	海南	四川	河南	河南	河南	河南
13	重庆	江西	广西	江西	陕西	陕西	陕西
14	吉林	四川	辽宁	四川	河北	湖北	湖北
15	辽宁	广西	江西	海南	辽宁	河北	河北
16	河北	辽宁	河南	辽宁	四川	四川	四川
17	四川	河南	湖南	广西	广西	广西	广西
18	河南	湖南	河北	河北	湖北	辽宁	辽宁
19	江西	河北	湖北	湖北	黑龙江	江西	黑龙江
20	黑龙江	黑龙江	海南	湖南	江西	黑龙江	江西
21	广西	吉林	黑龙江	黑龙江	吉林	吉林	吉林
22	山西	山西	山西	内蒙古	内蒙古	湖南	湖南

续表

23	云南	湖北	吉林	山西	湖南	内蒙古	内蒙古
24	内蒙古	云南	内蒙古	吉林	山西	山西	云南
25	湖南	内蒙古	贵州	云南	云南	云南	山西
26	宁夏	宁夏	云南	贵州	贵州	贵州	贵州
27	贵州	贵州	宁夏	宁夏	宁夏	宁夏	宁夏
28	新疆	新疆	新疆	新疆	新疆	新疆	新疆
29	甘肃	甘肃	甘肃	甘肃	甘肃	甘肃	甘肃
30	青海	青海	青海	青海	青海	青海	青海

附表 5：“绿水青山就是金山银山”实践创新基地建设进展

“绿水青山就是金山银山”实践创新基地					
第一批①					
河北省	塞罕坝机械林场	山西省	右玉县	江苏省	泗洪县
浙江省	湖州市、衢州市、安吉县	安徽省	旌德县	福建省	长汀县
江西省	靖安县	广东省	东源县	四川省	九寨沟县
贵州省	贵阳市乌当区	陕西省	留坝县		
第二批②					
北京市	延庆区	内蒙古自治区	杭锦旗库布其沙漠亿利生态示范区	吉林省	前郭尔罗斯蒙古族自治县
浙江省	丽水市、温州市洞头区	江西省	婺源县	山东省	蒙阴县
河南省	栾川县	湖北省	十堰市	广西自治区	南宁市邕宁区
海南省	昌江黎族自治县王下乡	重庆市	武隆区	四川省	巴中市恩阳区
贵州省	赤水市	云南省	腾冲市、红河州元阳哈尼梯田遗产区		

① 环境保护部办公厅 . 关于命名浙江省安吉县等 13 个地区为第一批“绿水青山就是金山银山”实践创新基地的通知 [Z].2017-09-18

② 生态环境部 . 关于命名第二批“绿水青山就是金山银山”实践创新基地的公告 [Z].2018-12-13

③ 生态环境部关于命名第三批“绿水青山就是金山银山”实践创新基地的公告 [Z].2019-11-14

第三批③					
北京市	门头沟区	天津市	蓟州区	内蒙古自治区	阿尔山市
辽宁省	凤城市大梨树村	吉林省	吉安市	江苏省	徐州市贾汪区
浙江省	宁海县、新昌县	安徽省	岳西县	江西省	井冈山市、崇义县
山东省	长岛县	河南省	新县	湖北省	保康县尧治河村
湖南省	资兴市	广东省	深圳市南山区	广西自治区	金秀瑶族自治县
四川省	稻城县	贵州省	兴义市万峰林街道	云南省	贡山独龙族怒族自治县
西藏自治区	隆子县	陕西省	镇坪县	甘肃省	古浪县八步沙林场